# CONSEIL INTERNATIONAL

# DE LA CHASSE

## Session constitutive

*(Paris, novembre 1930)*

AU SECRÉTARIAT GÉNÉRAL DU CONSEIL
21, RUE DE CLICHY, 21
PARIS (9e)

# CONSEIL INTERNATIONAL

# DE LA CHASSE

Session constitutive

*(Paris, novembre 1930)*

AU SECRÉTARIAT GÉNÉRAL DU CONSEIL
21, RUE DE CLICHY, 21
PARIS (9e)

# Historique

L'idée d'une association internationale ayant pour but d'établir des rapports permanents entre les chasseurs de tous les pays est due, dans sa réalisation actuelle, à M. Maxime Ducrocq, Président du Comité des Chasses à l'Étranger du Saint-Hubert-Club de France.

Après s'être assuré l'approbation et le concours du Gouvernement Français et des grands groupements cynégétiques français (S. H. C. F., Comité National de la Chasse, Société Centrale des Chasseurs, Société de Vénérie, Association des Lieutenants de Louveterie), il réunit en novembre 1928, dans sa chasse de Tchéco-Slovaquie, un certain nombre de chasseurs réputés, appartenant à divers pays d'Europe, et constitua avec eux un Comité d'Organisation.

Ce Comité établit le projet des statuts du nouveau groupement, pour lequel il proposa le nom de « Conseil International de la Chasse », et recueillit de nombreuses adhésions parmi les personnalités cynégétiques les plus éminentes du monde entier.

Aux termes des statuts, une Assemblée Constitutive devait être réunie lorsque dix pays, au moins, se trouveraient représentés parmi les adhérents.

Ce nombre était largement dépassé lors de la convocation de l'Assemblée, dont la réunion à Paris fut fixée au 7 novembre 1930 ; et à cette dernière date le Comité d'Organisation avait reçu les candidatures de 121 personnes appartenant à 23 nations ; il avait été puissamment aidé dans sa tâche par le Gouvernement Français.

qui avait invité ses agents diplomatiques à l'étranger à collaborer à cette fondation.

Les buts à poursuivre par le Conseil International et les moyens employés pour lui permettre de les atteindre ont été largement exposés dans ses statuts et dans les réunions tenues à l'occasion de sa constitution, dont on trouvera plus loin le compte-rendu. Il est donc inutile de les rappeler ici.

## Programme de la Session Constitutive

6 novembre. — Réception chez le Président du Comité d'Organisation.

7 novembre (*matin*). — Assemblée constitutive du Conseil. Election du bureau. Fixation du lieu et de l'ordre du jour de la Deuxième Session.
— (*après-midi*). — Réception du Bureau du Conseil par M. le Président de la République.
— (*le soir*). — Dîner sous la présidence de M. le Ministre de l'Agriculture.

8 novembre. — Chasse à courre organisée en l'honneur des membres du Conseil par Mme la Duchesse d'Uzès douairière, en forêt de Rambouillet.

9 novembre. — Chasses à tir organisées en l'honneur des membres du Conseil par MM. Elby, Lederlin et Menier à La Grange-La Prévosté, Le Terrier-Rambouillet et Noisiel.

# Réception chez le Président du Comité d'Organisation

Pour permettre aux futurs membres du Conseil, réunis
à Paris pour la Session Constitutive, de se connaître et
de prendre contact avec diverses personnalités françaises
et étrangères du monde officiel et diplomatique s'intéressant à leur initiative, le Président du Comité d'Organisation et Mme Maxime Ducrocq les ont invités, dans l'après-
midi du 6 novembre, à une réception à laquelle ont pris
part notamment :

S. A. R. le Prince Nicolas de Roumanie, l'Ambassadeur de Belgique et la baronne de Gaiffier d'Hestroy,
l'Ambassadeur de Pologne et Mme Chlapowska, M. von
Hoesch, Ambassadeur d'Allemagne, le Ministre de Finlande et Mme Holma, le Ministre de Grèce et Mme Politis,
le Ministre de Lithuanie et Mme Klimas, le Ministre de
Roumanie et Mme Césiano, le Ministre de Tchéco-Slovaquie et Mme Osusky, le général et Mme Lasson, M. Séret,
Sous-Secrétaire d'Etat à l'Agriculture, M. Marraud,
Ministre de l'Instruction Publique, et Mme Pierre Marraud, S. A. le Prince de Hohenlohe, M. Elby, sénateur,
M. Mihura, baron van Tuyll van Serooskerken, marquis
de Torneros, M. de Amezua y Mayo, M. le professeur et
Mme Derscheid, S. Exc. M. Caftanzouglou, M. Leschevin,
M. de Smet, M. van der Vliet, LL. AA. le duc et la
duchesse de Ratibor, baron Pronay, M. de Mocsonyi,
Grand Veneur de S. M. le Roi de Roumanie, comte Ladis-
las Esterhazy, prince Bibesco, comte Bielski, M. Santiago
Pidal, Sir Gordon-Cumming, Bart. le sénateur et Mme Vicini, M. de Vind, Grand Veneur de S. M. le Roi du Dane-

mark, M. et Mme Agostini, comte Adam Zamoyski, M. le Directeur général Sauleseu, M. le prof. Ivanauskas, comte von Pfeil. baron et baronne d'Eichthal. M. et Mme Alfred Elby, sénateur et Mme Lederlin, M. Gaston Menier, sénateur, M. et Mme Lilette. M. et Mme Granger, Mme Bardac, Mlle de Martel, M. Marcel Adelon, M. et Mme Beriot, M. Brabant, M. et Mme Cavroy, M. et Mme Dormion, M. et Mme Dugueyt, M. et Mme de Lacour. M. et Mme Olivier Scrive, comtesse du Bourg de Bozas, M. Lefebvre du Prey, sénateur, M. et Mme Bouilloux-Lafont, M. Lefrançois, M. et Mme Desnues, M. et Mme Lefebvre, comte et comtesse d'Adix, etc...

## Assemblée Constitutive du Conseil

Cette Assemblée s'est tenue dans la grande salle des Conférences du Ministère de l'Agriculture, rue de Varenne, le 7 novembre, à 10 heures du matin.

Avant l'ouverture de la séance, le Comité d'Organisation fait connaître que l'état des candidatures inscrites par lui est le suivant :

| Pays | Inscrits | Présents à Paris en vue de la session | Présents à l'Assemblée |
|---|---|---|---|
| Allemagne ............. | 3 | 2 | 2 |
| Etats-Unis d'Amérique... | 3 | » | » |
| République Argentine... | 4 | 2 | 2 |
| Autriche ............. | 10 | 1 | 1 |
| Belgique ............. | 7 | 4 | 3 |
| Danemark ............. | 1 | 1 | 1 |
| Espagne ............. | 9 | 5 | 5 |
| Finlande ............. | 7 | » | » |
| France ............. | 12 | 11 | 8 |
| Grande-Bretagne ....... | 3 | 1 | » |
| Grèce ............. | 8 | 3 | 2 |
| Hongrie ............. | 6 | 2 | 2 |
| Italie ............. | 7 | 6 | 6 |
| Lithuanie ............. | 3 | 1 | 1 |
| Luxembourg ............. | 5 | 4 | 4 |
| Mexique ............. | 1 | 1 | 1 |
| Principauté de Monaco.. | 1 | » | » |
| Norvège ............. | 6 | » | » |
| Pays-Bas ............. | 3 | 2 | 2 |
| Pologne ............. | 10 | 3 | 3 |
| A reporter..... | 109 | 49 | 43 |

| | | | |
|---|---|---|---|
| Report..... | 109 | 49 | 43 |
| Portugal ............... | 1 | 1 | » |
| Roumanie ............. | 8 | 4 | 4 |
| République Tchéco-Slova-que ................. | 3 | 1 | 1 |
| Total : 23 pays......... | 121 | 55 | 48 |

M. Fernand David, Ministre de l'Agriculture, prend place au bureau, entouré de M. Robert Sérot, Sous-Secrétaire d'Etat à l'Agriculture et de M. Maxime Ducrocq, Président du Comité d'Organisation.

Il ouvre la séance par l'allocution suivante :

Messieurs,

Mon ami, M. Robert Sérot, et moi-même, nous avons tenu à venir saluer, au début de vos travaux, les illustres personnalités que ce Congrès réunit autour de lui.

Nous sommes infiniment heureux d'accueillir ici les amis de la chasse, qui sont en même temps des amis de la France, et qui sont venus à Paris des plus lointains pays d'Europe.

Ils rencontreront parmi nous cette hospitalité que la France s'est toujours fait honneur de pratiquer et qui lui est spécialement facile, lorsqu'il s'agit des hôtes de marque que nous trouvons aujourd'hui autour de nous.

Je remercie le Comité d'Organisation de ce Congrès, présidé par mon ami M. Maxime Ducrocq, auquel le comte d'Adix a bien voulu apporter l'appoint de son intelligente activité.

Ce Comité d'Organisation a réuni tous les éléments d'une rencontre agréable et fructueuse ; les pouvoirs publics suivront avec intérêt vos travaux.

La chasse est la plus ancienne passion du monde, peut-on dire ; elle se présente sous des aspects différents dans le divers pays où on la pratique, et l'évolution des sociétés fait que ces aspects se transforment vite.

Nous sommes les partisans résolus de la paix entre les peuples, mais nous n'avons point encore déclaré la paix aux animaux (*Rires*). Nous avons pour le faire certaines raisons.

Il faudrait mettre en pratique la maxime : « Que Messieurs les assassins commencent » avant de renoncer à l'usage de la police.

Il est certain que vis-à-vis des carnassiers la chasse apparaît parfois comme une action de légitime défense.

Elle est aussi un sport très noble, dont certaines pratiques d'autrefois, souvent si pittoresques, tendent malheureusement à disparaître, en raison des circonstances économiques nouvelles. Leur souvenir nous est légué dans les travaux des artistes tels que ceux que vous avez pu admirer, grâce à M. Maxime Ducrocq, à l'Exposition de Leipzig.

Je disais que les conditions de l'exercice de la chasse se transforment, nous le savons tous ; il est des pays dont la structure économique se modifie en raison du morcellement de la terre, conséquence de la transformation sociale interne de certains d'entre eux.

Il est d'autres régions, au contraire, régions montagneuses, régions boisées — où les grandes et belles traditions de la chasse peuvent encore apparaître comme vivantes et persistantes.

Tout cela fait quand même un ensemble : ensemble utile, ensemble précieux, que vous avez la préoccupation de sauvegarder.

Vous savez que la condition de la chasse et des chasseurs apparaît en France comme assez difficile.

Fort heureusement, l'administration compétente du Ministère de l'Agriculture, l'Administration des Eaux et Forêts, et le Saint-Hubert Club, si bien présidé, avec tant d'autorité et d'habileté par le comte Clary, s'efforcent à maintenir chez nous les possibilités de la chasse.

Il nous faut compter avec la poussée démocratique, avec la nécessité de défendre les intérêts des agriculteurs. Nous avons vu parfois ces intérêts se heurter aux passions des chasseurs.

Jusqu'à présent, l'accord s'est fait et l'harmonie règne : nous ferons en sorte que cet accord et cette harmonie persistent dans l'avenir.

Vos travaux, Monseigneur et Messieurs, seront donc, comme je le disais tout à l'heure, à la fois fort intéressants et fort utiles.

Ils se continueront dans la tranquillité, et sous l'active direction de ceux qui vous ont appelés ici.

J'en salue l'inauguration, et je fais des vœux, mon ami Robert Sérot avec moi, pour qu'ils se poursuivent de telle sorte qu'ils vous donnent toute satisfaction.

Nous mettons à votre disposition, au nom du Gouvernement de la République, les compétences dont nous pouvons disposer, et nous vous assurons une fois de plus de l'accueil affectueux de la nation française. (*Applaudissements.*)

Discours de M. Maxime Ducrocq

Monsieur le Ministre,

Avant de vous retirer, voulez-vous me permettre, au nom du Comité d'Organisation du Conseil International de la Chasse, de vous remercier profondément, vous et M. Robert Sérot, des sentiments plus que bienveillants, affectueux, que, dès le début, notre initiative a rencontrés auprès de vous.

Personnellement, vous n'êtes pas chasseur, et cependant nous avons toujours trouvé auprès de vous et autour de vous non seulement la justice, mais l'attention la plus aimable pour nos efforts. Comme je ne puis attribuer cette sollicitude à votre passion pour le sport que nous aimons tous, je suis bien obligé de penser — et je m'en réjouis — que vous avez reconnu que la chasse est un des éléments de la richesse nationale, et qu'à ce titre ses intérêts doivent être soutenus.

Je sais que ce sont là vos directives, et celles, à plus forte raison, de M. Sérot, qui lui, est des nôtres.

Au surplus, ces directives et ces recommandations, s'adressant à vos Services sont, j'ose le dire, à peine nécessaires, puisque M. le Directeur Général Carrier, et son collaborateur, M. Lilette, ont accepté tous deux de faire partie du Conseil International que nous allons constituer ; ce nous est le meilleur gage que nous trouverons chez eux les mêmes sentiments que ceux qui animent leurs chefs, et les conseils et le concours qui pourront nous être nécessaires.

Encore merci de l'hospitalité que vous avez bien voulu donner au Conseil. (*Applaudissements.*)

MM. Fernand David et Robert Sérot se retirent et M. Maxime Ducrocq prend la présidence de l'Assemblée.

M. LE PRÉSIDENT. — Messieurs, pour en terminer avec les remerciements, vous me permettrez d'exprimer notre reconnaissance au Saint-Hubert Club de France, qu'en l'absence de mon vieil ami. le comte Clary, M. Antoni veut bien représenter aujourd'hui à cette réunion. Le Saint-Hubert Club de France a prêté, dès le début, au Conseil International, non seulement son appui moral, mais encore ses locaux, son personnel, bref, tout ce qui aurait pu causer des dépenses importantes à notre jeune groupement dont — ce n'est pas un secret — la bourse est encore un peu plate ; qu'il soit sincèrement remercié de ce double concours !

Et maintenant, si vous le voulez bien, Messieurs, après l'éloquente allocution de notre Ministre, je vous demanderai de ne pas faire de discours. car nous avons à travailler beaucoup.

La plupart d'entre vous sont venus à Paris pour un temps assez limité ; nous avons dû faire place aux distractions nécessaires dans une réunion de ce genre, et limiter à une journée toutes nos séances de travail.

Je ne manquerai pas cependant au devoir de remercier, au nom du Comité d'Organisation, les hautes personnalités cynégétiques du monde entier qui ont bien voulu nous apporter l'autorité de leur nom et la promesse de leur concours.

Le mois de novembre n'est guère favorable au tourisme et, d'autre part, c'est l'époque des ouvertures au bois. Il est donc probable que beaucoup d'entre vous, pour venir collaborer à la tâche d'intérêt général que nous entreprenons, ont sacrifié quelques belles parties de chasse : qu'ils en soient spécialement remerciés et loués. Je suis sûr que saint Hubert, notre grand patron, leur revaudra cela, dans ce monde ou dans l'autre.

Quelle est donc, Messieurs, cette cause qui a suscité tant de zèle, tant de dévouements ? Tout simplement celle de la chasse, c'est-à-dire du plus ancien et du plus vénérable de nos sports, puisque, après avoir été dès l'origine de l'humanité un moyen de sécurité et de subsistance, il est demeuré, lorsque ces temps héroïques ont été révolus, la plus saine et la meilleure de nos distractions.

Mais si la chasse mérite ces qualificatifs — et elle les mérite certainement — comment se fait-il qu'elle ait des ennemis ? Et tout d'abord, y a-t-il des ennemis de la chasse ?

Pour ma part, j'en connais de deux sortes et je crois que vous les connaissez aussi bien que moi.

Il y a d'abord ceux qui, l'aimant trop, veulent la pratiquer en tout temps, en tous lieux, sans frein ni règlement, ce qui aboutit à la destruction totale du gibier, et, par conséquent, à la destruction de la chasse elle-même ; ces amants trop épris de la chasse sont peut-être ses plus dangereux adversaires.

Et puis, il y a tous ceux qui, ne la pratiquant pas, ont le désir d'en détourner les autres.

Parmi ces adversaires de la chasse, il y a des gens normalement constitués et de très bons esprits qui préfèrent prendre ailleurs leurs distractions : nous n'y trouvons point à redire, pourvu qu'ils nous paient de retour. Mais il y a aussi tous les ennemis ordinaires des sports, les gens mal bâtis, les scrofuleux, les rachitiques, ceux qui ont peur du moindre courant d'air et qui sont un peu jaloux de la bonne humeur et de la bonne santé que la chasse nous apporte.

Comme c'est là un sentiment d'envie inavouable, ces adversaires-là s'abritent derrière des prétextes, dont le principal est la critique de notre prétendue cruauté.

Nous faisons souffrir les animaux en les tuant, c'est entendu. Mais, Messieurs, si j'étais dans la catégorie des sacrifiés, je me demande si je préférerais être foudroyé d'un coup de fusil comme le faisan en plein vol, comme le coq de bruyères en plein chant d'amour, ou être, comme le poulet à l'engraissement, placé dans une cage obscure où il ne peut se retourner, où il est gavé de force tous les jours, pour finir sur la table de quelque vieille dame au cœur sensible : je ne sais pas où est le supplice le plus dur.

J'ai l'air de plaisanter et cependant des résultats bien fâcheux ont déjà été obtenus par ces campagnes de sensiblerie.

C'est par leur faute que le tir au pigeon, qui est après tout la meilleure école de vitesse pour le tir de chasse, a disparu des deux tiers de la surface du monde. Prenons garde qu'on ne vienne pas nous dire un jour que, sans doute, il faut tuer les perdreaux pour les manger, mais qu'il vaut beaucoup mieux les prendre au piège et au lacet, ce qui est aussi sûr, coûte moins cher et les fera moins souffrir ! Voilà le danger.

Nous n'avons pas seulement, en nous réunissant, à

nous préoccuper de défendre la chasse : nous devons aussi et surtout aider à la rendre plus facile et plus agréable.

Nous pouvons par exemple nous communiquer les réglementations qui ont été faites dans tous les pays, et nous faire connaître les résultats qu'elles ont produits.

Nous pouvons aussi nous intéresser à cette situation particulière, qui est actuellement celle de l'Europe : certains pays ont trop de chasseurs et trop peu de gibier — c'est hélas ! le cas de la France — alors que d'autres pays au contraire, ont de larges excédents de gibier pour la destruction duquel ils souhaitent le concours des chasseurs étrangers.

Nous pouvons faciliter ces échanges par des organisations touristiques et aussi en améliorant les conditions de transit des armes de chasse aux **frontières**.

Je n'entrerai pas dans le détail de tout ce que nous pouvons faire : ce sera tout à l'heure l'objet de nos délibérations.

Je me contenterai de vous rappeler brièvement comment est née l'idée de notre Conseil International.

À la fin de 1928, quelques hommes de bonne volonté, parmi lesquels M. Saulescu, Directeur général de la Chasse en Roumanie, que je suis heureux de voir ici aujourd'hui, et le regretté poète Ejsmond, Directeur de la Chasse en Pologne, et moi-même se trouvaient réunis dans une chasse en Tchéco-Slovaquie. Nous avons constitué un Comité d'Organisation et rédigé le projet de vos statuts, après avoir passé en revue les formules suivant lesquelles pouvait être conçu un organisme permanent apte à représenter utilement les intérêts de la chasse dans le monde entier :

Délégations des États se réunissant en conférence ? C'est bien solennel; c'est le cadre de la Société des Nations, dont l'ordre du jour est tellement chargé qu'on ne peut plus rien y introduire.

Fédération internationale des fédérations nationales?
Ce serait parfait si, en fait, tous les pays étaient organisés de la même manière au point de vue des associations cynégétiques ; mais vous savez qu'il y a des pays
où les chasseurs n'ont pas même formé de sociétés ;
d'autres, au contraire, où existent des centaines de
petites sociétés ; d'autres, enfin, où le groupement est
beaucoup plus avancé. Nous pensons que, dans l'avenir,
si tous les pays s'organisent sur un plan uniforme, il
sera possible de créer une sorte de parlement international de la chasse ; mais, pour le moment, nous n'avions
pas cette ressource.

Fallait-il adopter la formule du congrès ?

Je ne dirai pas de mal des congrès, car j'en suis un
vétéran : mon ami Leschevin me rappelait hier — ce
qui ne nous rajeunit pas — qu'en 1903 nous présidions
ensemble un congrès franco-belge de la chasse.

Mais les congrès ont ce désavantage qu'ils sont ouverts
à tout le monde, à toutes les bonnes volontés, mais aussi
à toutes les incompétences et à tous les bavardages. Dans
les congrès internationaux, la prédominance numérique
inévitable de l'élément local ramène trop souvent les
discussions à des sujets qui n'ont pas réellement un intérêt international. Faut-il rappeler qu'au Congrès de
Paris en 1907, il y avait 700 membres français et seulement 10 membres étrangers?

Une réunion de ce genre peut difficilement avoir la
prétention de représenter la chasse internationale.

Or, nous voulions former un groupement vraiment
international, où chaque État aurait une représentation
proportionnée à son importance. Il ne nous restait donc
qu'à nous adresser à une élite, en recherchant dans
chaque pays le concours d'un petit nombre de personnalités choisies parmi les hommes les plus compétents, les
plus représentatifs de la chasse — voilà la formule que
nous avons adoptée.

C'est sur cette base, c'est sur la base des statuts qui ont été rédigés, et qui vous ont été communiqués, que nous avons été heureux de réunir les adhésions de nombreuses personnalités éminentes appartenant au monde de la chasse, dans 21 Etats, dont la liste vous a été envoyée et auxquels s'ajoutent ce matin un vingt-deuxième et un vingt-troisième Etat : le Portugal et le Mexique, avec chacun un représentant.

Messieurs, si vous pensez comme nous que telle était bien la formule à adopter, il ne me reste qu'à vous demander de vouloir bien nous donner votre avis sur les statuts qui ont été préparés et distribués ».

M. le Président signale que, depuis cette distribution, diverses observations ont été soumises au Comité d'Organisation qui en a tenu compte et a établi une nouvelle rédaction des statuts dont il donne connaissance à l'Assemblée.

(*Le texte ainsi modifié figure en annexe du présent compte rendu*).

Ce texte, mis aux voix, est adopté à l'unanimité.

M. LE PRÉSIDENT. — On vous a remis, Messieurs, à votre entrée en séance, la liste des candidatures qui ont été recueillies.

Cette liste comprend 21 Etats, 117 noms. Il y a quelques petites modifications que je vais vous signaler.

On a omis, par inadvertance, sur la liste *belge*, le nom de M. Pérau, Directeur de la Chasse au Ministère de l'Agriculture de Belgique, et sur la liste *française* celui de Mme la Duchesse d'Uzès douairière.

Sur la liste *espagnole*, le marquis de Pons, dont le nom avait été indiqué par erreur, est remplacé par celui du comte de Villagonzalo, marquis de la Scala.

Le *Mexique* vient de nous apporter son adhésion et est représenté par M. Ignacio de la Torre.

Enfin, le *Portugal* nous a indiqué ce matin même par

télégramme le nom de M. J. Arantes de Freitas-Cruz, président de la Commission régionale de la chasse pour le Sud du Portugal, qui va être incessamment parmi nous.

Cela fait en tout 23 nations et 121 noms.

Quelqu'un d'entre vous, Messieurs, a-t-il à demander l'insertion d'un nom supplémentaire dans cette liste ou a-t-il à récuser l'un des noms qui y sont portés ? Si nous pouvons voter en bloc, cela nous évitera 121 scrutins.

Personne ne demandant la parole, la liste ainsi modifiée et complétée de 121 candidats est mise aux voix et élue à l'unanimité.

On procède ensuite à l'élection du Bureau, qui se compose d'un Président, d'un ou de plusieurs Vice-Présidents. d'un Secrétaire Général et d'un Trésorier.

M. Roger GUÉRIN prend la parole pour remercier, au nom de tous, M. Maxime Ducrocq du travail incessant qu'il a consacré depuis deux ans à la fondation du Conseil International de la Chasse et qui reçoit aujourd'hui sa consécration et sa récompense. Il propose de nommer M. Ducrocq, Président du Conseil International. (*Vifs applaudissements.*)

Le Bureau est élu à l'unanimité pour rester en fonctions jusqu'à la clôture de la deuxième session du Conseil, conformément à l'article 5 des statuts :

*Président :* M. Maxime Ducrocq (France).
*Vice-Présidents :* S. A. le duc de Ratibor (Allemagne), le comte Colloredo-Mansfeld (Autriche), le vicomte Terlinden (Belgique), le marquis de Villaviciosa de Asturias (Espagne), le Comte Ladislas Esterhazy (Hongrie), M. le sénateur Vicini (Italie), le comte Bielski (Pologne), M. Georges Plagino (Roumanie).
*Secrétaire Général :* le comte d'Adix (France).

*Trésorier :* M. Brochart, Inspecteur principal des Eaux et Forêts (France).

M. LE PRÉSIDENT adresse au Conseil les remerciements du Bureau qui vient d'être élu et l'assure de son entier dévouement, puis il propose à l'Assemblée de se mettre tout de suite au travail.

M. LE PRÉSIDENT. — Nous ne disposons pas de la force publique, nous ne pouvons faire ni lois ni décrets; mais avec la grande autorité qui s'attache au nombre des nations que nous représentons, et aux personnes qui les représentent parmi nous, nous pouvons formuler des vœux, et nous devons obtenir que ces vœux, chaque fois qu'ils seront raisonnables — et ils le seront toujours, je l'espère — soient agréés par les Pouvoirs publics et se traduisent par des actes.

Pour que ces vœux soient réellement pris au sérieux, il faut évidemment qu'ils aient été précédés d'une étude.

Nos statuts, d'ailleurs, l'ont sagement prévu, en disant : « Le Conseil International nomme des rapporteurs ou constitue des Commissions pour l'étude préparatoire des questions qui doivent être soumises à ses délibérations ». Par conséquent, il me semble qu'il serait tout à fait prématuré, le jour même de notre première réunion, d'émettre des vœux sur quoi que ce soit.

Je crois que nous devons nous contenter de déterminer les matières sur lesquelles portera l'activité du Conseil International et de fixer l'ordre du jour de sa prochaine Session.

D'ici là, des rapports seront établis sur chacune de ces questions, soit que nous ayons pu, aujourd'hui même, les distribuer entre des rapporteurs, soit que, dans l'intervalle des deux Sessions, le Bureau ait rempli cette tâche.

Etes-vous d'avis de procéder de cette façon? (*Approbation.*

Alors, je crois que nous pouvons, dès maintenant, aborder l'étude des questions que nous voulons mettre à l'ordre du jour.

Monsieur Leschevin, vous avez assisté à presque tous les Congrès de chasseurs depuis celui de 1903; voulez-vous nous donner votre avis sur ce que nous pourrions mettre à l'ordre du jour de notre Deuxième Session?

M. Leschevin. — J'envisage d'abord les questions de réglementation pour lesquelles nous voudrions voir les pays s'entendre et proposer, soit à leurs Parlements, s'il s'agit de lois, soit à leurs Gouvernements, à leurs Ministères s'il s'agit de décrets ou d'arrêtés, des mesures dans l'intérêt général de la chasse : c'est le premier point.

Dans ce premier point, nous aurions une question très importante à traiter : c'est celle des oiseaux migrateurs qui constituent notre cheptel international.

C'est donc sur cette question que j'appellerai tout d'abord votre attention : la réglementation de la protection internationale des oiseaux qui passent dans tous les pays.

Second ordre d'idées : nous pouvons provoquer des ententes sur le terrain législatif et sur le terrain réglementaire et administratif en ce qui concerne les questions de transport et de douanes.

J'envisage ici spécialement quatre choses : d'abord, les échanges internationaux de gibier sédentaire, nécessaires soit pour le repeuplement, soit pour l'amélioration des races par le mélange du sang et pour lesquels il faut que les transports ferroviaires ou navals ou aériens, il faut que les douanes, il faut que les réglementations sanitaires de frontières nous apportent leur aide; nous pouvons ici, Messieurs, faire dans nos centres respectifs de très grands efforts et obtenir de très grands résultats.

Ensuite, nos chiens de chasse, nos chevaux de chasse et nos armes.

Si nous avons à nous aider pour les échanges de gibier de pays à pays, pour éviter d'être trompés dans nos opérations financières, la même question se pose au point de vue des chiens de chasse.

Nous avons, dans nos différents pays, ou bien nos races nationales, ou bien des races d'autres pays que nous avons cultivées, que nous avons travaillées. En matière de vénerie, il y a des choses intéressantes à réaliser. En matière de chiens de chasse à tir également.

Là se posent la question d'acquisitions de chiens à l'étranger, la question des mélanges de sang, la question des échanges et la question sanitaire de frontières pour l'introduction des chiens.

Je dirai la même chose — peut-être d'une façon moins étendue, mais encore très importante tout de même — pour nos chevaux de chasse, dont certains pays ont plus spécialement certaines races aptes à l'usage que nous en attendons.

Restent les armes : ne pouvons-nous prêter une aide, au point de vue facilité de passage de frontières, aux chasseurs invités par des hôtes étrangers aussi aimables que ceux qui nous reçoivent aujourd'hui?

Enfin, je signale la question de la chasse aux Colonies, pour laquelle un de mes honorables collègues belges, M. le Prof. Dr Derscheid, a beaucoup travaillé.

Messieurs, je terminerai par un vœu, qui est celui-ci : que les administrations de nos différents pays se communiquent tout ce qui est publié en matière de réglementation de chasse, qu'elles se le communiquent de façon à ce que nous sachions ce qui se passe, que nous le sachions comme chasseurs, et que nous le sachions comme membres d'un Conseil International, où chacun doit voir ce qu'on pourrait apporter d'intéressant dans sa propre législation en voyant ce que font les autres.

Il est très regrettable qu'on en soit encore parfois réduit à se demander : « Dans tel pays, à quelle époque ouvre-t-on la chasse de tel gibier ». Les arrêtés d'ouverture et de fermeture des différents pays devraient être concentrés ici.

Pour cela, nous pouvons prendre exemple sur l'Office International des Législations douanières, Office International qui siège à Bruxelles et où la plupart des pays sont représentés, Office International douanier par qui toutes les législations douanières de tous les pays sont concentrées, traduites et communiquées aux différents pays. (*Applaudissements.*)

M. LE PRÉSIDENT. — Messieurs, vos applaudissements ont déjà remercié M. Leschevin de sa très intéressante communication.

Il nous dit en substance qu'il propose comme objets des travaux du Conseil, l'étude de la réglementation de la chasse dans les différents pays, l'étude des relations entre les pays au point de vue échanges de gibier, de chiens et de chevaux de chasse, transit des armes de chasse, et enfin, une centralisation de la documentation relative à la chasse.

Voilà trois chapitres qui pourraient, dès à présent, nous faire envisager trois sections pour nos travaux.

Voyez-vous, Messieurs, quelque autre objet à notre future activité?

Si vous n'avez rien d'autre à proposer pour le moment, êtes-vous d'avis que le Conseil se divise en trois sections, chacune étudiant un de ces points, ou bien pensez-vous que, pour cette première réunion, nous ferions mieux de discuter tout cela en séance plénière?

PLUSIEURS VOIX. — En séance plénière.

M. LE PRÉSIDENT. — Voulez-vous alors que nous prenions l'exposé de M. Leschevin et le programme qu'il nous a tracé, pour base de la discussion d'aujourd'hui?

Il est question d'abord de la réglementation des lois et arrêtés fixant les périodes et modes de chasse, et de la protection du gibier migrateur.

En ce qui concerne le gibier migrateur, M. Lilette m'a signalé un vœu qui a déjà été émis par diverses autres organisations, relativement au mazout.

M. Lilette. — On a constaté, depuis longtemps déjà, que de nombreux oiseaux migrateurs périssent dans les estuaires des fleuves, et dans les ports où l'on déverse du mazout, et il y aurait lieu de s'entendre pour imposer des mesures de police dans tous les États qui possèdent des ports, de façon à éviter cette hécatombe d'oiseaux.

On a inventé des appareils qui empêchent de lâcher le mazout; on récupère de cette façon une partie des huiles lourdes et grasses, et on évite de projeter, à l'entrée de chaque port, le mazout dans la mer.

La dépense n'est pas bien forte pour les Compagnies de navigation; certaines ont déjà adopté cet appareil, mais il faudrait que ce soit la généralité.

S'il y avait une réglementation internationale, on arriverait à un résultat efficace; cela a été proposé par la Ligue de Protection des Oiseaux, mais les Gouvernements n'ont pas encore été saisis.

Je crois que le Conseil International pourrait lui-même prendre l'initiative de cette question.

M. le Prof. Dr Derscheid. — Vous me permettez de signaler que les Gouvernements ont été saisis de ce problème, non pas au point de vue spécial des oiseaux migrateurs, mais au point de vue général de la protection des oiseaux de mer et des oiseaux lacustres.

Ce fut même l'objet d'une réunion internationale officielle à Washington, en 1927, à laquelle quatorze Gouvernements ont été convoqués et ont assisté, sur l'invitation du Gouvernement des États-Unis.

Malheureusement, les accords auxquels on était arrivé, n'ont été ratifiés par aucun Gouvernement, jusqu'à présent, et le Gouvernement Fédéral, auquel j'ai eu l'occasion de m'adresser à plusieurs reprises à ce propos, m'a fait savoir officieusement qu'il n'avait plus l'intention de faire aucun effort dans ce sens, puisque les autres pays montraient aussi peu d'enthousiasme.

En effet, cette question est très grave, non seulement par suite du nombre considérable d'oiseaux de mer qui périssent, mais aussi par le préjudice causé aux industries de pêche, aux industries balnéaires, aux plages qui sont souillées, etc.

Je crois qu'un vœu du Conseil International de la Chasse aurait certainement un bon effet.


M. Lilette. — Beaucoup d'Etats — entre autres, la France — n'étaient pas représentés à cette Conférence de Washington.

A mon avis, il faudrait intervenir auprès des Gouvernements et tous ceux qui seraient bien disposés présenteraient une proposition, la soumettraient aux Etats intéressés, et un certain nombre, peut-être, l'adopteraient ; les autres suivraient, dans un avenir plus ou moins rapproché.

C'est ce que nous avons fait pour la Convention de 1902 sur la protection des oiseaux, qui n'est pas ratifiée par tous les Etats, mais par la majeure partie d'entre eux : c'est déjà un progrès.

D'un autre côté, il faut attendre, ou plutôt, il fallait attendre alors, qu'on ait des procédés d'épuration du mazout ; il paraît que maintenant, c'est chose faite : il ne s'agit plus que de faire appliquer ces procédés.


M. le Président. — Cela fait donc deux questions : puisque M. le Prof. D' Derscheid a des renseignements particuliers sur cette question du mazout et sur la Conférence de Washington, voulez-vous, Messieurs, que nous lui demandions de nous en faire un rapport à la prochaine session ; et pour la question de la Convention de 1902, dans le cas où on apprécierait que le Conseil International peut intervenir utilement, nous pourrions demander à M. Lilette de se charger d'un rapport à la prochaine session (*Approbation.*)

Monsieur Leschevin, vous avez fait allusion à la création d'un permis de chasse international. Pensez-vous qu'il y ait quelque chose de pratique à faire à ce sujet?

M. LESCHEVIN. — J'avais simplement envisagé la question des réciprocités des conditions, car il en est qui trouvent difficilement admissible que pour aller chasser à quelques kilomètres de la frontière, on doit prendre un port d'armes coûteux, alors que de l'autre côté le permis est d'un prix bien moindre.

Mais nous pouvons en rester là, et ne pas soulever cette question actuellement.

M. LE PRÉSIDENT. — Entendu. Nous avons ensuite une question importante : celle du transport des armes. La plupart des pays exigent la consignation à l'importation des droits de douane sur les fusils même usagés, sauf à les rembourser au moment de l'exportation. Théoriquement, cela se défend. Pratiquement, si l'on emprunte les trains rapides qui ne s'arrêtent que quelques instants aux stations-frontières à la sortie du pays, c'est inapplicable.

Il faut alors recourir à des laissez-passer diplomatiques qui en sont en général délivrés avec beaucoup de bonne grâce, mais dont l'obtention entraîne des frais et des pertes de temps considérables.

Dans certains pays, on consulte le Ministère de l'Intérieur et le Ministère de la Guerre avant d'autoriser l'importation d'un simple fusil de chasse.

Ne serait-il pas possible d'avoir un document international, analogue à celui en usage pour les automobiles, qui supprimerait toutes ces formalités?

Je comprends très bien que chaque pays veille à sa sécurité, mais il me semble que si un organisme comme le nôtre se portait garant que l'importateur d'une arme usagée a pour but exclusif l'exercice de la chasse par le propriétaire de cette arme, cela vaudrait toutes les enquêtes de police.

J'ai eu l'occasion de m'entretenir avec un haut fonctionnaire de l'Administration des Douanes françaises qui s'est montré très disposé à étudier cette solution avec bienveillance, et je suis persuadé que, dans les autres pays, ce serait la même chose.

Mais il faudrait que quelqu'un veuille bien assumer cette tâche : se mettre en rapport, dans chacun des pays représentés, avec l'administration des douanes, faire des démarches et voir quelle serait la forme de la carte à délivrer.

Quelqu'un veut-il bien faire ce travail d'ici notre prochaine Session?

M. Leschevin. — Je connais un peu la question et puis m'en charger.

Les mêmes difficultés existent pour le transit des chiens et des chevaux.

Il m'est arrivé d'expédier des chiens de mon élevage en Egypte, au Maroc; dernièrement, j'ai envoyé un petit étalon en Lithuanie et je me suis aperçu que, dans ce cas, on ne sait jamais de quels documents on a besoin, on ne connaît pas les difficultés douanières ou sanitaires auxquelles on va se heurter. J'en ai envoyé en Italie : c'est là que j'ai fait les expéditions les plus faciles; au Maroc aussi, où ils sont partis en avion; mais, dernièrement, j'ai eu des difficultés inouïes pour envoyer un chien à Roubaix, qui est cependant à notre porte.

M. LE PRÉSIDENT. — Monsieur Leschevin, nous vous remercions de vous charger du rapport sur la question des armes. Pour les chiens et les chevaux, croyez-vous que cette question soit parmi les plus urgentes? Nous pourrions peut-être laisser cela pour une autre fois. (*Approbation.*)

Nous en arrivons au transit du gibier : a-t-on à se plaindre des conditions dans lesquelles le gibier passe aux frontières actuellement?

C'est, à mon avis, la question d'achat et de vente du gibier qui devrait être contrôlée par nos Gouvernements et par le Conseil International.

Actuellement, ces opérations sont traitées par des commerçants qui réalisent de sérieux profits au détriment des intéressés sans leur donner aucune garantie de bonne livraison.

Je ne pense pas toutefois que le Conseil puisse s'entremettre dans des opérations commerciales.

Peut-être pourrait-il, après étude de la question, recommander aux Gouvernements d'exercer un contrôle officieux sur les opérations dont il s'agit et de créer des services de renseignements à l'usage des vendeurs et des acheteurs.

M. le Comte PALFFY. — Je crois que les Gouvernements le feraient certainement si le Conseil International le leur demandait.

M. LE PRÉSIDENT. — Je vois le baron Pronay faire un signe d'adhésion. Croyez-vous que le Gouvernement Hongrois entrerait aussi dans cette voie?

M. LE BARON PRONAY. — J'en suis persuadé.

M. LE COMTE PALFFY. — Il arrive que certains vendeurs de gibier ont la permission d'exporter et d'autres ne l'ont pas, en sorte que les acheteurs ne savent à qui s'adresser ; certains disent : « L'exportation du gibier vivant est interdite », et tout à coup on apprend que tel négociant a pu en exporter.

C'est un manque d'organisation complet et pour éviter ce manque d'organisation, je crois qu'on devrait réunir là aussi une documentation complète.

Ce devrait être la Section de la Chasse du Ministère de l'Agriculture de chaque pays qui s'occuperait de cela.

M. LE PRÉSIDENT. — Voulez-vous étudier cette question-là pour la prochaine Session ?

M. LE COMTE PALFFY. — Je veux bien, en collaboration avec mon ami, le baron Pronay, pour la Hongrie.

M. LE PRÉSIDENT. — Passons maintenant, Messieurs, à la question de la documentation : j'ai le souvenir d'avoir donné, autrefois, mon adhésion à un Office International de Documentation qui avait son siège à Bruxelles, et dont l'une des sections était consacrée à la chasse.

Quelqu'un d'entre vous pourrait-il nous dire ce qu'est devenu cet Office.

M. LESCHEVIN. — Le dernier rapport qui a été fait au sujet de cet Office International de Documentation de Chasse porte qu'on avait alors environ deux cent cinquante mille pièces de dossiers documentaires.

Cet Office a été créé vers 1903. Il a fonctionné jusqu'à 1913 et toute sa documentation est là, au Palais du Cinquantenaire à Bruxelles. Depuis lors, personne n'y a touché.

M. LE PRÉSIDENT. — Pourquoi ? Faute de crédits ou faute de bonne volonté ?

M. LESCHEVIN. — Ce n'est qu'une léthargie : il n'y a

personne pour profiter de ces documents qui constituent évidemment une richesse documentaire énorme.

En dehors de cette institution, nous possédons à Bruxelles un autre office de documentation, de création plus récente, et qui fonctionne régulièrement sous la direction de notre collègue, le Prof. D<sup>r</sup> Derscheid.

M. le Prof. DERSCHEID. — L'Office a été créé pour un but différent du Conseil International de la Chasse; il lui est pourtant nettement apparenté; c'est un office de documentation pour toutes les questions qui se rapportent à la protection de la nature, titre qui ne doit pas vous effrayer.

Je sais que beaucoup de sentimentalistes se piquent de faire de la protection de la nature; mais le sens que nous donnons à ce terme est bien différent, et dans notre Office de Documentation de Bruxelles, nous réunissons dans un but technique et scientifique toute la documentation relative aux questions d'exploitation judicieuse des richesses naturelles, que ce soit de la chasse, de la pêche, des forêts, etc..., dans le but de faire progresser la science.

Je crois qu'à l'heure actuelle, si on en excepte l'Office de documentation de Washington, l'Office de Documentation de Bruxelles est le mieux documenté sur ce qui se passe, en matière de législation.

Nous avons vingt mille dossiers se rapportant à plus de quatre cents régions différentes.

Nous recevons les pièces officielles des pays de plus de la moitié du monde. Nous avons des traducteurs versés dans la plupart des langues étrangères, et nous avons entrepris la publication d'une revue spéciale de législation qui paraît seulement depuis six mois, mais qui comporte déjà cinq gros fascicules consacrés spécialement aux législations des Colonies.

Ce bureau serait très heureux de vous aider à vous documenter — si vous lui faites l'honneur de faire appel à lui — dans son domaine d'action, de façon à vous faire profiter du travail déjà fait.

M. le Président. — Nous vous remercions de cette intéressante communication.

Une question va dominer l'exécution de ce programme : jusqu'à présent, nous avons envisagé des rapports. Cela n'entraîne pas de très grosses dépenses.

Si nous entrons dans l'idée de la constitution d'un fonds de documentation, même avec des concours bénévoles, cela suppose un secrétariat permanent, un archiviste. Bref, tout ce qui a peut-être manqué un peu à l'Office International de Documentation créé à Bruxelles en 1903, pour continuer à vivre et à faire valoir le fonds si considérable qu'il possède.

Ainsi la question du budget se pose à nous dès notre première délibération.

Nous avons demandé à chacun des membres du Conseil une cotisation annuelle de 25 francs, ce qui nous fait une première recette d'environ 3.000 francs, somme évidemment dérisoire en regard des dépenses envisagées.

Il faut donc prévoir d'autres ressources.

Elles peuvent provenir de dons généreux — je l'espère sans trop y compter — et aussi de subventions des États.

Je crois qu'en égard aux services qu'un organisme comme le nôtre doit rendre aux différents pays, nous pouvons raisonnablement compter sur un concours financier sérieux, et il faudrait que, d'ici la prochaine session, ce concours ait pu être précisé.

Je me propose d'examiner le plus rapidement possible cette question avec mes collègues du Bureau et de prier ensuite chacun de vous d'intervenir de façon pressante auprès de son Gouvernement.

Nous ajournerons, si vous le voulez bien, la question de la documentation jusqu'à la solution de celle des finances.

Y a-t-il actuellement d'autres questions sur lesquelles notre attention puisse être attirée?

M. LE PROF. IVANAUSKAS. — Je voudrais formuler un vœu concernant une question qui a une grande importance pour mon pays : la question du trafic du gibier tué.
lance pour mon pays : la question du trafic en gibier tué.

Il y a des pays qui observent très strictement leurs marchés, et contrôlent les périodes d'ouverture et de fermeture de la chasse pour chaque gibier.

C'est très facile, quand le gibier et chassé dans les limites du territoire du pays; mais il n'en est pas de même du gibier de même espèce importé des pays voisins.

Dans ce dernier cas, le commerce du gibier s'effectue presque toujours librement.

C'est un dommage considérable pour les pays voisins.

Par exemple, depuis un an, le Ministre de l'Agriculture nous signale qu'on importe des quantités considérables de perdrix et chevreuils en Prusse Orientale. Ces perdrix sont prises aux lacets, braconnées en Lithuanie et importées en Prusse Orientale. De même pour le chevreuil.

C'est une question extrêmement grave.

M. MULLER-TESCH. — Comme représentant du Grand-Duché de Luxembourg, je me permets de signaler que nous touchons, par nos frontières, à la Belgique, à la France et à la Sarre, tous pays qui ont des dates différentes d'ouverture et de fermeture, ce qui facilite le braconnage.

Il y a souvent des certificats d'origine, qui sont plutôt des certificats de complaisance.

Je demande qu'on mette cette question à l'ordre du jour, à côté de celle de M. Leschevin, concernant le gibier vivant, mais pour le gibier tué licitement ou illicitement.

Il faudrait voir s'il n'y aurait pas moyen de s'entendre entre pays limitrophes, au point de vue de la chasse, et en ce qui concerne les mêmes espèces de gibier, en fixant les mêmes dates d'ouverture et de fermeture.

Cela empêcherait le recel et le braconnage.

M. le Président. — Est-ce que vous voulez bien, mon cher collègue, vous charger de nous présenter une note à ce sujet à la prochaine session, en vous entendant avec M. le Prof. Ivanauskas ?

M. Muller-Tesch. — Bien volontiers.

M. d'Eichthal. — Il y aurait peut-être avantage à étudier, en dehors de la question du mazout, la question des phares dans certains pays.

Dans certains États, spécialement les Pays-Bas, où les phares détruisaient une multitude d'oiseaux, on a muni les phares d'un système d'éclairage grâce auquel le nombre des oiseaux tués est tombé à un centième environ.

Je crois que le Saint-Hubert Club, il y a quatre ou cinq ans, a chargé un de ses membres les plus distingués de faire une enquête à ce propos.

Cette enquête a été tout à fait concluante et je crois qu'il serait très intéressant de pouvoir, au point de vue international, étudier la généralisation de ce système.

M. le Président. — Vous venez de rappeler le rôle que le Saint-Hubert Club de France a joué dans cette enquête. Peut-être pourrions-nous demander à M. Antoni, son Directeur général, de nous résumer la question pour la prochaine session ?

M. Antoni. — Je m'en chargerai volontiers.

M. le Président. — Il nous reste, Messieurs, à fixer l'époque et le lieu de notre prochaine Session. En 1931, doit avoir lieu à Paris une grande Exposition Coloniale Internationale avec diverses expositions et congrès cynégétiques de nature à vous intéresser. Voulez-vous qu'il soit entendu en principe que notre prochaine Session aura lieu à Paris au cours de cette manifestation, le Bureau et et son Président restant chargés d'en arrêter la date et les détails? Nous nous efforcerons d'ici là de provoquer des candidatures dans les Etats non encore représentés au Conseil ou représentés insuffisamment eu égard à l'importance de leur population et de leur territoire.

Cette proposition est adoptée à l'unanimité.

La séance est levée à midi trente.

# Réception du Bureau du Conseil
## par M. le Président de la République

Dans l'après-midi du 7 novembre, le Président du Conseil International de la Chasse, accompagné de quatre des Vice-Présidents : S. A. le duc de Ratibor, le comte Esterhazy, M. le sénateur Vicini, le comte Bielski ; de M. Leschevin, de S. Exc. M. de la Huerta y Avial, de S. Exc. M. de Mocsonyi, ces trois derniers remplaçant les Vice-Présidents absents de Paris: de M. Brochart, Trésorier et du comte d'Adix, Secrétaire Général, auxquels s'était joint M. Roger Guérin, Président du Comité National de la Chasse, fut reçu en audience au palais de l'Élysée par M. Gaston Doumergue, Président de la République, qui voulut bien réserver aux membres du Bureau l'accueil le plus aimable. Au cours de cet entretien, le Président de la République manifesta un vif intérêt pour le programme qui lui fut exposé des travaux du Conseil et exprima le plaisir qu'il éprouvait à prendre sous son Haut Patronage le nouvel organisme international, destiné à contribuer dans sa sphère d'action au rapprochement des nombreuses nations qu'il a su grouper.

# DINER DU 7 NOVEMBRE

Dans la soirée du même jour, un grand banquet officiel, sous la présidence de M. Robert Sérot, Sous-Secrétaire d'Etat à l'Agriculture, réunit dans les salons de l'Hôtel Claridge les membres du Conseil présents à la Session et un grand nombre de personnalités parmi lesquelles :

S. A. R. le prince Nicolas de Roumanie, S. Exc. M. von Hoesch, S. Exc. M. de Chlapowski, S. Exc. Honourable Philip Roy, S. Exc. le Ministre de Lithuanie et Mme Klimas, S. Exc. M. Césiano, S. Exc. M. Spalaïkovic, M. Bastin, M. et Mme Stang, M. le Président du Conseil International de la Chasse et Mme Ducrocq, M. le Ministre de l'Instruction Publique et des Beaux-Arts et Mme Marraud, M. le général et Mme Lasson, LL. AA. le duc et la duchesse de Ratibor, M. Bouilloux-Laffont, vice-président de la Chambre, M. le sénateur et Mme Lederlin, M. le sénateur Gaston Menier, M. le sénateur et M. Milan, comte et comtesse d'Adix, M. le consul général et Mme Agostini, M. de Amezua y Mayo, M. Antoni, prince Bibesco, comte Bielski, M. et Mme Brochart, S. Exc. M. Caftanzoglou, M. Carosi-Martinozzi, M. Carrier, M. et Mme Chartier, M. le commandeur Cortis, M. le Prof. et Mme Derscheid, M. et Mme Desnues, M. Dulignier, M. Durand, S. Exc. comte Ladislas Esterhazy, M. Frantz Reichel, M. Gentil, M. et Mme Granger, M. Roger Guérin, M. Hentgen, S. Exc. M. de la Huerta y Avial, M. le Prof. Ivanauskas, M. et Mme Janneau, M. Max Kuborn, M. Lefrançois, M. et Mme Lilette, M. Leschevin, M. Jacques Menier,

M. Mihura, S. Exc. M. de Moesonyi, M. Muller-Tesch, comte et comtesse Palffy d'Erdoed, comte von Pfeil, M. Pichet, M. Pidal, M. et Mme Potworowski, baron Pronay, M. Sangnier, M. Saulescu, M. Simner-Dupret, M. et Mme de Smet, M. Thellier de Poncheville, marquis de Torneros, M. Verrier, M. le sénateur et Mme Vicini, M. de Vind, comte de Villagonzalo, M. Voltos, comte Zamoyski, les représentants de la Presse française et étrangère, etc.

M. Maxime Ducrocq, Président du Conseil International de la Chasse, M. Roger Guérin, Président du Comité National de la Chasse, et de l'Association des Lieutenants de Louveterie, M. Frantz Reichel, Président de la Presse Sportive, M. le sénateur Menier, Président du Groupe de la Chasse au Sénat, S. A. R. le prince Nicolas de Roumanie et M. le Sous-Secrétaire d'Etat Sérot y prirent successivement la parole.

### Discours de M. Maxime Ducrocq

Au moment où je me lève pour rappeler l'acte important accompli aujourd'hui par cent vingt et une des plus hautes personnalités cynégétiques du monde entier, appartenant à vingt-trois nations, et pour remercier nos invités qui ont bien voulu venir être les témoins de cette fondation, je me sens, devant la qualité des uns et des autres, pénétré de confusion pour l'honneur excessif qui m'a été fait et pour mon insuffisance à remplir une pareille tâche.

Les chasseurs, vous le savez, ne sont pas souvent des orateurs. Ils sont plus à l'aise devant un vieux sanglier au ferme que devant un auditoire, celui-ci fût-il émaillé des plus charmantes chasseresses du monde international.

Puisse saint Hubert, notre grand patron, me venir en

aide. Puissent surtout la bienveillance et l'indulgence que je lis déjà sur vos visages m'être un précieux encouragement.

Donc, le Comité International de la Chasse, après une préparation minutieuse qui a duré deux ans, a été constitué ce matin, et cette après-midi M. le Président de la République a bien voulu recevoir son Bureau et — je suis heureux, mes chers Collègues, de vous en apporter la bonne nouvelle — lui accorder officiellement son Haut Patronage.

Le Conseil a décidé de tenir sa prochaine session à Paris au printemps prochain et il a mis pour cette époque à l'ordre du jour de ses délibérations notamment les questions suivantes :

Etude comparative de la réglementation de la chasse dans les divers pays ;

Protection des oiseaux migrateurs ;

Facilités à accorder pour le transit en douane des armes de chasse ;

Service de renseignements sur le gibier et le repeuplement ;

Réunion d'une documentation générale de la chasse ;

Unification des désignations du plomb de chasse.

C'est un vaste programme, justifiant les espoirs des fondateurs de ce nouveau groupement qui ont voulu en faire une organisation stable, apte à représenter d'une façon effective les intérêts de la chasse dans le monde entier.

Pour atteindre ce but, ils ont rejeté la formule habituelle des congrès, ouverts à toutes les bonnes volontés, mais aussi à toutes les incompétences et qui, par la prédominance numérique inévitable de l'élément local enlèvent trop souvent aux réunions de ce genre le caractère d'équilibre et d'impartialité sans lequel leurs résolutions ne sauraient avoir d'autorité véritable sur le plan international.

En limitant la représentation de chaque pays à un petit nombre de membres choisis avec soin parmi les hommes qui se sont signalés par leurs travaux sur la science cynégétique, par l'organisation de grands domaines de chasse, par la création et la direction de groupements importants de chasseurs et de veneurs, en proportionnant cette représentation au chiffre de la population des nations représentées, notre Conseil s'est efforcé d'assurer la haute tenue de ses délibérations et le crédit de ses vœux auprès des pouvoirs publics.

Avons-nous vraiment réussi à grouper dans ce cénacle international les meilleures compétences cynégétiques de tous les pays ? Mon devoir de Président est de le croire, la modestie de mes collègues m'empêche de le proclamer.

C'est à vous qu'il appartiendrait de le dire, Messieurs nos invités, qui venez assister au baptême de ce nouveau-né. Quant à moi, je ne vous demande aujourd'hui que de le gratifier d'un sourire bienveillant et de l'attendre à ses actes. J'espère qu'ils justifieront votre confiance.

Il se le doit à lui-même, il le doit à la nombreuse et brillante assistance qui se presse ce soir autour de son berceau et qui lui apporte par sa seule présence un si vif encouragement.

Laissez-moi vous dire, mon cher Ministre, combien nous vous savons gré, ainsi qu'à M. Fernand David qui est venu ce matin souhaiter si aimablement la bienvenue au Conseil, et à toute votre Administration, des sentiments si affectueux que vous avez, dès le début, témoignés à notre initiative.

Vous êtes chasseur et si le souci des grands intérêts qui vous sont confiés, et auxquels vous vous consacrez avec un si patriotique dévouement, ne vous permet guère de pratiquer en ce moment notre sport favori, nous savons et vous savez que vous y reviendrez, car on revient toujours à ses passions, et ce nous est, n'est-il pas vrai, la meilleure garantie de la bienveillance des directives qui inspireront vos circulaires et vos recommandations à vos services.

Recommandations à peine utiles, je dois l'avouer, car ces services qui ne comptent pas, eux, beaucoup de chasseurs, qui souvent ne nous aperçoivent qu'à travers les légions de lapins qu'on nous accuse de propager et qui dévorent, dit-on, les récoltes des cultivateurs et les arbres des forêts, nous ménagent cependant toujours l'accueil le plus courtois.

Ils sont en réalité très avertis des choses de la chasse ; ils savent par exemple quelle richesse celle-ci peut apporter aux pays qui l'exploitent méthodiquement : ils n'ignorent pas que, dans telle grande nation voisine, le produit de la chasse équivaut au produit total de la pêche maritime et ils sont en définitive tout disposés à faire confiance aux hommes de bonne volonté qui, comme nous, s'efforcent de les aider à mettre un peu d'ordre dans l'activité de notre million et demi de porteurs de permis.

Vous m'en voudriez, mes chers collègues, de ne pas associer à ces sentiments de reconnaissance les noms de M. Aristide Briand, Ministre des Affaires Étrangères, dont les services nous ont prêté largement leur concours pour faire connaître notre initiative au dehors : je prie son représentant, M. Dulignier, de vouloir bien lui en rapporter la respectueuse expression : et aussi ceux de M. Pierre Marraud, Ministre de l'Instruction Publique et des Beaux-Arts, de M. le Sous-Secrétaire d'État Lautier, et de tous leurs collaborateurs auxquels la chasse française doit d'avoir été si dignement représentée, grâce au prêt libéral des trésors artistiques dont ils ont la garde, à l'Exposition Internationale de Leipzig.

Aux côtés de ces membres du Gouvernement de la République, je suis heureux de voir le Parlement français non moins brillamment représenté par MM. les sénateurs Gaston Menier et Milan et par M. Bouilloux-Lafont, vice-président de la Chambre des Députés. Tous trois sont, dans leurs Assemblées et dans les commissions qu'ils y président, les vaillants champions de la cause de la chasse.

Je ne veux pas manquer de remercier les membres du Corps Diplomatique qui ont bien voulu, par leur présence, marquer l'intérêt que portent leurs Gouvernements aux groupements internationaux comme celui que nous fondons aujourd'hui. Ils savent mieux que personne que, de même que l'Histoire est construite de petits faits, la bonne entente des peuples est basée sur une série ininterrompue de contacts courtois qui empêchent les malentendus de se créer ou les dissipent en temps utile. Ils nous sauront gré, je l'espère, d'avoir apporté notre toute petite pierre au grand édifice de la paix universelle qu'ils ont la charge d'entretenir.

C'est avec joie aussi que j'ai vu répondre à notre appel les membres des bureaux de nos grandes associations cynégétiques françaises : Saint-Hubert Club de France, Comité National de la Chasse, Société Centrale des Chasseurs, Société de Vénerie, Associations des Lieutenants de Louveterie. Tous leurs présidents, sans exception, mon vieil ami et respecté maître en tir de chasse le comte Justinien Clary, Roger Guérin, André d'Eichthal, Comte Henri d'Andigné ont, les premiers, encouragé notre initiative et apporté leur adhésion au Conseil International. N'était-ce pas donner à celui-ci, dans notre pays, la plus solide assise que de l'appuyer sur ces grands groupements qui ont porté si haut la tradition des belles qualités de science cynégétique, de loyale camaraderie et de correction sous les armes qui font la gloire de la chasse et de la vénerie française.

C'est avec grand plaisir que j'aperçois à cette table de nombreux membres de la Presse française et étrangère. Nous avons l'intention, Messieurs, de travailler beaucoup et de faire de la bonne besogne. Avouons que nos efforts risqueraient cependant de rester stériles si nous ne pou-

vions compter sur vous pour y intéresser l'opinion publique, souveraine maîtresse des destinées des peuples, et
que vous avez la charge et le pouvoir redoutable d'éclai-
rer. J'ajoute qu'en toutes circonstances et notamment à
l'occasion de cette belle Exposition de Leipzig dont je
parlais tout à l'heure, vous nous avez largement accordé
votre concours et je suis sûr qu'il ne nous fera pas défaut
dans cette nouvelle tentative. N'est-ce pas d'ailleurs l'un
de vous, notre dévoué Secrétaire Général, le comte Wla-
dimir d'Adix, qui a été, dans l'organisation de cette session constitutive du Conseil, le plus actif et le plus
dévoué de nos collaborateurs ?

Mes chers Collègues,

Il est doux de travailler pour le bien général, mais pour
le faire d'un cœur plus dispos, il est bon de semer ce
travail de quelques distractions.

Nous n'en pouvions concevoir de meilleure, n'est-il
pas vrai, que celle que nous offre cette aimable réunion
que de nombreuses dames ont bien voulu embellir du
charme de leur présence. Qu'il me soit permis de les en
remercier et tout spécialement celles qui, venues de
l'étranger, n'ont pas craint d'affronter les fatigues du
voyage et le ciel renfrogné d'un automne maussade pour
être aujourd'hui parmi nous. Je leur souhaite de trouver
dans de longues stations dans les grands magasins ou
chez les couturiers en vogue, dans la patience et dans la
générosité de leurs maris ou de leurs pères, la juste
récompense de ce louable effort.

Les chasseurs que nous avons réunis, Messieurs, sont
par définition, parce qu'ils appartiennent à une élite,
des chasseurs sachant chasser. Nous avons eu cependant
le scrupule de nous en assurer et nous les avons priés
d'apporter leurs fusils. Ils l'ont fait avec un empresse-

ment dont nous leur savons gré, mais qui aurait pu nous devenir embarrassant si nos amis M. Gaston Menier, déjà nommé, M. Lederlin et M. Elby n'avaient eu la bonté de nous autoriser à disposer dimanche prochain de leurs magnifiques chasses à tir, comme si elles appartenaient au Conseil International. Qu'ils en soient sincèrement remerciés.

J'aurais voulu pouvoir adresser ce soir les mêmes remerciements à Mme la Duchesse d'Uzès douairière, qui a bien voulu inviter les membres du Conseil International et leurs familles à suivre demain à Rambouillet sa chasse à courre de Saint-Hubert, si pittoresque dans son décor traditionnel. Notre vaillante doyenne qui, à 84 ans, monte encore à cheval et arrive la première à l'hallali, a pris 1.955 cerfs et comptait bien mettre cette année son deux millième au tableau. J'espère que, malgré l'accident malencontreux qui l'empêchera peut-être de nous recevoir demain elle-même, son vœu sera exaucé et je suis sûr d'être l'interprète de tous en formant des souhaits pour son prompt et complet rétablissement.

Messieurs, après avoir remercié tout le monde, j'aurais le sentiment d'une grande injustice si je ne vous proposais pas de lever vos verres en l'honneur de Celle à laquelle nous devons, non seulement le plaisir d'être réunis aujourd'hui, mais encore, pour beaucoup d'entre nous, le souvenir de nos meilleures joies. Je veux parler de la Magicienne qui, d'un coup de sa baguette, sait nous enlever nos préoccupations, voire même notre âge et nos rhumatismes, qui nous envoie arpenter, le sourire aux lèvres, les champs et les bois sous la pluie battante en déclarant qu'il fait le plus beau temps du monde, gravir des montagnes sac au dos, coucher sur la dure, nous lever à l'heure où les civilisés s'endorment et trouver tout cela charmant ; rentrer chez nous éreintés, fourbus, ravis, et penser que les soucis seront l'affaire du lendemain : grâce à laquelle soixante membres de notre Conseil, pourvu d'assez de titres pour embarrasser le Protocole — si jamais il pouvait l'être — venus de pays qui n'ont pas toujours été d'accord, ont laissé à la porte de notre salle de réunion leurs grands-croix, leurs importances, leurs préventions et leurs mauvais souvenirs, s'ils en avaient — puissent-ils ne jamais les reprendre — pour s'entretenir simplement, cordialement, en bons camarades, des charmes d'une amie qui ne les a jamais trompés.

Excusez mon enthousiasme. Peut-être avez-vous deviné qu'il s'agit de la Chasse.

Mesdames et Messieurs, je vous propose de boire à la Chasse Éternelle.


### Discours de M. Roger Guérin

Il me semble que je manquerais absolument à mon devoir si je ne venais pas ce soir saluer, au nom du Comité National de la Chasse, et au nom des Lieutenants de Louveterie de France, les représentants que les nations étrangères nous ont fait l'honneur de déléguer au Conseil International de la Chasse.

Comme Président du Comité National de la Chasse, permettez-moi, Messieurs, au nom des plus fortunés comme au nom des plus humbles des chasseurs de France, de vous dire le plaisir et la joie que nous avons ressentis lorsque notre sympathique Président nous a annoncé que les assises du Conseil International de la Chasse se tiendraient cette année à Paris.

Nous qui luttons depuis plusieurs années pour doter notre pays d'une organisation cynégétique stable, organisation obligatoire et rendue nécessaire pour répondre à la situation actuelle créée par le nombre toujours croissant de nos chasseurs, nous avons eu une grande satisfaction de voir l'importance que prenait ce nouveau groupement.

Nous sommes heureux de constater que vingt-trois Etats considèrent la chasse à sa valeur précise, de véritable richesse nationale, et attachent une juste importance à la défense de son intérêt, puisqu'ils n'ont pas hésité à envoyer à l'étranger leurs personnalités cynégétiques les plus notoires, pour étudier des problèmes qui intéressent de nombreux pays.

Que cet exemple puisse enfin convaincre nos représentants au Gouvernement, au Sénat et à la Chambre, de l'utilité qu'il y a de doter notre chasse française des méthodes que tous les chasseurs ont proposées et réclament depuis plusieurs années.

Comme Président des Lieutenants de Louveterie de France, c'est en très grand aïeul, Messieurs, que je viens vous souhaiter la bienvenue, car cette charte des Lieutenants de Louveterie — une des rares institutions ayant survécu en France, non seulement à toutes les révolutions, mais encore à toutes les évolutions, — est certainement, de ce chef, un des plus vieux, sinon le plus vieil organisme cynégétique du monde.

Créés par Charlemagne en l'an 813, pour détruire les loups (comme leur nom l'indique), les Lieutenants de Louveterie ont suivi l'évolution de la chasse en France, et, à l'heure actuelle, ils sont chargés de la destruction des animaux nuisibles.

Il y a quelques années encore, le Gouvernement Italien demandait au Gouvernement Français de bien vouloir déléguer des Lieutenants de Louveterie pour détruire les loups dans les Abruzzes.

Une mission fut envoyée, qui rendit de grands services par les prises qu'elle fit, et en faisant connaître aux Italiens ses procédés d'empoisonnement des loups.

Nous avons, Messieurs, jeté dans cette réunion des bases de travail et de collaboration effective, lesquelles seront, je l'espère, suivies de travaux précis qui pourront être discutés et réalisés à la prochaine session de Conseil.

Nous aurons demain l'honneur de vous conduire à une chasse qui, par son cérémonial, a conservé toutes les vieilles traditions de notre pays.

Mme la Duchesse d'Uzès, Lieutenant de Louveterie de Seine-et-Oise, a bien voulu nous convoquer à Rambouillet, et je regrette profondément qu'un accident récent nous ait privés de l'honneur d'avoir parmi nous ce soir notre vénérée doyenne en Saint-Hubert, et je vous demanderai, Messieurs, dans une communion des nations représentées, de lui adresser l'expression de nos sentiments respectueux.

La famille de Saint-Hubert s'est regroupée aujourd'hui. Tous les parents éloignés qui ne s'étaient pas vus depuis plusieurs générations, ont repris contact.

Vos cousins de France ont été flattés et heureux de pouvoir vous recevoir.

S'ils l'ont fait simplement, ils l'ont fait néanmoins avec tout leur cœur.

Aussi, je lève mon verre en l'honneur de la Chasse, et à sa prospérité.

### Discours de M. Frantz Reichel
*Président de la Presse sportive*

Je tiens, au nom de mes camarades de la Presse, à remercier M. Ducrocq et ses collègues de leur aimable invitation.

M. Ducrocq a bien voulu remercier la Presse du concours qu'elle lui a apporté. Mais ce concours n'était-il pas tout à fait naturel ?

Si la Presse qui est autour de cette table n'est pas

essentiellement composée de cynégètes, elle est tout de même, par ses relations, intimement unie au sport de la chasse.

Notre profession consiste, en effet, vous le savez, à « chasser » l'information, à chasser les « canards ».

Nous soulevons quelquefois de « gros lièvres », nous les forçons, nous avons un gibier, qui n'est, il est vrai, qu'un « gibier de potence »; nous avons même une action internationale, et vous savez que nous avons, ces dernières années, fait une chasse acharnée aux renards argentés (*Rires*).

Vous voyez bien, Mesdames et Messieurs, qu'il était tout à fait naturel que la Presse sportive apportât à votre initiative à tous, et à votre initiative, M. Maxime Ducrocq, en particulier, son appui et son concours.

Mes camarades, qui ont été par vous reçus d'une façon si charmante et si cordiale, à l'admirable Exposition de Leipzig, me chargent de vous dire merci, et je vous assure, en leur nom à tous, que si nous vous avons un peu servi dans le passé et dans le présent, vous pouvez davantage compter sur nous pour l'avenir, car toutes ces œuvres internationales, comme vous le disiez tout à l'heure, sont éminemment précieuses pour l'entente universelle de la paix ici-bas.

Je bois donc, au nom de tous, à votre bien-aimée : la Chasse.

### Discours de M. le sénateur Menier

Votre Président a pensé, malgré les nombreux et substantiels discours qui viennent d'être prononcés, qu'il était intéressant qu'un de vos collègues appartenant au Parlement français pût dire quelques mots au nom du Sénat et de la Chambre des Députés.

C'est en leur nom que je prends en ce moment la

parole, et vous ne serez pas surpris de m'entendre dire qu'en effet, toutes les questions qui ont été agitées, et qui continueront d'être agitées à ce Conseil International de la Chasse, doivent passer par les Parlements pour être entérinées, pour avoir force de loi et pour pouvoir entrer dans les règlements, ce que nous souhaitons voir s'établir pour l'exercice plus complet et plus grand de la chasse.

Messieurs, actuellement, nous sommes réunis ici, vingt-trois nations différentes, qui ont envoyé les plus hautes personnalités cynégétiques pour les représenter, qui ont choisi Paris comme centre, pour étudier et jeter les fondements de ce Conseil International de la Chasse, qui peut avoir un très grand retentissement.

Vous me permettrez de vous dire, par conséquent, quel prix le Parlement attache à vos travaux dirigés et discutés d'une telle façon.

Je suis persuadé que mes collègues et moi, nous aurons de ce fait une grande facilité pour faire venir sous forme de lois, les résultats des discussions qui s'instaurent ici, en ce moment.

Messieurs, la question de la chasse, je n'ai pas besoin de le dire devant vous, a une importance capitale, importance qui touche à beaucoup d'autres buts que la chasse elle-même.

Est-ce que le côté touristique, le côté hôtelier, le côté déplacements, toute cette prospérité qui s'attache à la chasse, et qui suit la chasse, ne doivent pas être encouragés de toutes les manières ?

Aujourd'hui, nous nous trouvons, nous, en France, devant des indications extrêmement précieuses.

La loi qui régit la chasse en France est peut-être un peu désuète : elle a besoin d'être complétée, et il est nécessaire, par conséquent, que nous trouvions, pour la régénérer, des indications nouvelles dans toutes les législations des pays qui nous entourent.

Oui, vous avez raison de nous montrer, dans certains cas, le chemin que nous avons à parcourir, et il est évident que nous pouvons également, tout de suite, sans attendre longtemps, prendre certaines mesures concernant la protection des oiseaux de passage, le transport plus rapide du gibier vivant, le repeuplement et beaucoup d'autres questions de ce genre.

Nous voyons les résultats obtenus dans certains pays voisins par les lois sur la chasse, qui permettent d'avoir des contrées très giboyeuses, capables de satisfaire aux chasseurs les plus nombreux.

Nous pouvons malheureusement craindre qu'en France nous ne soyons pas encore au régime que nous trouvons dans certains pays.

Nous avons en France un chiffre de chasseurs qui vous surprendra : nous atteignons maintenant la délivrance de seize cent mille permis de chasse, et cela, dans un pays qui ne fait pas, à notre avis, les sacrifices nécessaires pour développer la reproduction du gibier.

Cela peut nous faire craindre qu'un jour n'arrive bientôt, où les chasseurs seront plus nombreux que les pièces à tuer.

Si je me permets de faire allusion à un de nos auteurs que vous connaissez tous, et qui a écrit ce livre admirable « Tartarin de Tarascon », Alphonse Daudet, je dirai de tous les chasseurs de France ce qu'il disait de ce fameux Tartarin et de ses amis : « Après avoir tué tous les petits oiseaux et toutes les hirondelles de leur pays, ils en étaient réduits, pour exercer leur plaisir favori, à lancer leurs casquettes en l'air, et à les tirer ». (*Rires*).

Je souhaite de tout cœur qu'il n'en soit pas ainsi ; mais si nous voulons arriver à un résultat, il faut que nous cherchions par tous les moyens possibles à apporter notre concours à l'élaboration de lois dont nous pouvons prendre les modèles dans des pays voisins.

De même, nous pouvons apporter, nous aussi, certaines suggestions, montrer par exemple que la répression du braconnage doit être encouragée, que des parcs d'élevage doivent être créés pour permettre au gibier de se multiplier.

Messieurs, je ne ferai qu'une courte allusion à la chasse à courre ; mais laissez-moi vous dire qu'en France, nous avons conservé le goût et l'usage de la chasse à courre, qui est un sport bien français et illustré par des personnages célèbres, depuis François Ier jusqu'à nos jours, en passant par les fameux Gaston Phoebus, du Fouilloux et bien d'autres, qui ont donné à la chasse à courre un renom qu'elle n'a pas perdu.

Nous sommes heureux de savoir que, demain, un certain nombre d'entre vous iront goûter ce plaisir auprès d'une vaillante chasseresse qui, malheureusement, est immobilisée par un stupide accident d'automobile : la Duchesse d'Uzès, que nous révérons tous, en France, comme l'une des doyennes de cette chasse.

Messieurs, je ne veux pas dire plus longtemps combien nous sommes heureux de cette réunion.

Je tiens à mon tour à souhaiter le succès de notre Conseil, souhaiter la prospérité de ce groupement qui ira en s'accentuant chaque jour, et grâce auquel la chasse, j'en suis persuadé, pourra toujours être un passe-temps charmant, un exercice salutaire, en même temps que le développement d'une richesse naturelle pour laquelle tous les pays doivent faire tous les efforts possibles et tous les sacrifices pour la conserver.

Messieurs, je bois au Conseil International de la Chasse, et à son succès.


### Discours de S. A. R. le Prince Nicolas de Roumanie

Je veux dire, aussi simplement que je le pourrai, au nom des délégués des différents pays représentés ici tous

leurs remerciements pour l'accueil si hospitalier, si charmant, qu'ils ont trouvé ici de la part de M. Ducrocq et
de ses collègues français. Nous sommes persuadés que
le Conseil International de la Chasse jouera un rôle vraiment considérable dans l'avenir cynégétique du monde
entier et nous souhaitons qu'à l'exemple des autres groupements sportifs internationaux déjà constitués il con-
tribue à entretenir la paix et la bonne entente entre
les nations. Je tiens à remercier aussi, au nom des délégués des vingt-trois nations, nos aimables collègues qui,
demain et après-demain, mettront leurs belles chasses
à la diposition des Membres du Conseil.

Et je vous demande la permission de lever mon verre
à la France et au Président de la République.


### Discours de M. Robert Sérot

*Sous-secrétaire d'Etat à l'Agriculture*

M. le Ministre de l'Agriculture, qui, ce matin, ouvrait
vos travaux, étant retenu ce soir par une importante
obligation de sa charge, c'est à moi qu'incombe l'honneur de présider votre banquet.

C'est l'une des caractéristiques de notre époque, que
l'établissement, en toutes matières, de liens internationaux.

Quel que soit l'objet de leur activité ou de leur pensée,
les hommes des différents pays ont constaté l'utilité du
contact régulièrement et systématiquement organisé avec
les habitants des autres nations qui s'occupent des
mêmes questions.

Que ce soit dans le domaine de la science et de la
pensée pure ; que ce soit dans le domaine des intérêts
matériels ; que ce soit même dans le domaine de l'idéal,
nous constatons de toutes parts une floraison d'unions
internationales.

Si nous assistons à ce développement, c'est que de telles réunions répondent à vos besoins.

Vous avez pensé que dans le domaine de la chasse, il était bon, il était utile, de confronter les points de vue des chasseurs des différentes nations et ce qui montre le bien-fondé de cette initiative, c'est le succès même qu'elle a obtenu.

Vingt-trois nations, non seulement de l'Europe, mais aussi de l'Amérique du Nord et de l'Amérique du Sud, ont accepté de prendre part à votre Conseil, et parmi les dix-sept d'entre elles qui sont représentées à l'Assemblée Constitutive, chacune a délégué ici des représentants illustres, tant par leur naissance que par l'éclat des charges qu'ils occupent.

Je veux voir dans ce choix particulièrement éclatant non seulement le témoignage de l'intérêt que les pays étrangers portent à cette initiative, mais encore la preuve de l'ancienneté et de la noblesse de l'art cynégétique qui, de tous temps, a été l'apanage des plus grandes maisons.

Cette idée qui s'est révélée si féconde, M. Maxime Ducrocq vous en a fait l'historique ce matin.

Il vous a dit les diverses tentatives qui avaient été faites dans ce sens.

Grâce à son activité, elles viennent d'aboutir à une réalisation définitive.

Il faut lui en rendre hommage.

Et d'ailleurs, dans cette tâche, il était particulièrement qualifié.

Grand fusil, rien de ce qui est cynégétique ne lui est étranger.

Comme organisateur, il a fait ses preuves : je ne veux rappeler que la Section Française de l'Exposition Internationale de la Chasse de Leipzig, dont il fut l'animateur, qui a recueilli, je crois pouvoir le dire, les suffrages de tous ceux qui l'ont visitée.

Enfin, non content de pratiquer la chasse dans son pays, il a lié avec d'autres chasseurs de pays voisins, depuis plus de trente ans, les relations les meilleures.

Il est peu de gibier qu'il n'ait poursuivi, et peu de contrées qu'il n'ait parcourues en chassant, des régions polaires à l'Albanie, et de l'Ecosse à la Pologne.

Vous avez ce matin posé les premiers fondements de cette organisation, et vous avez envisagé les buts qu'elle se propose.

Chacun doit regarder au dehors pour examiner, sur l'objet qui l'intéresse, les usages et les coutumes de l'étranger, les méthodes de chasse, les règlements qui régissent cette matière.

Vous pourrez les comparer ; vous verrez les résultats obtenus. Les statistiques que chacun apportera montreront l'état cynégétique des différents pays.

Nantis de ces renseignements, il vous sera loisible de déterminer les mesures utiles à la protection du gibier, dans chacune des nations que vous représentez, et les pouvoirs publics auxquels vous vous adresserez seront ainsi mieux éclairés par vous.

D'autre part, l'organisation de la chasse sur le plan international est nécessitée par le caractère international du gibier.

En effet, les oiseaux migrateurs, auxquels vous portez un si vif intérêt, ignorent les frontières, et vont d'un pays à l'autre sans passeport.

Pour éviter leur destruction, il faut que sur tous les points qu'ils parcourent, des règlements de chasse semblables veillent à leur protection, et que le fait de la protection qui leur est donnée dans un pays ne soit pas détruit par un règlement contraire ou l'absence de règlement dans une autre nation.

Ailleurs, sans parler des oiseaux migrateurs, c'est dans les régions frontières, le gibier sédentaire qui passe d'un pays dans l'autre.

La chasse, dans l'intérêt des chasseurs de l'un et de l'autre pays, doit donc être régie par des lois analogues.

Voilà, parmi d'autres, quelques-uns des objets les plus importants sur lesquels vont porter vos travaux, et qui justifieront votre existence.

Tous, vous êtes réunis ici par un goût commun : cette communauté de goûts et de préoccupations qui fait l'agrément de vos relations, maintenant que vous êtes organisés, il faut espérer qu'elle produira les résultats les plus heureux.

C'est dans cet espoir que je lève mon verre en l'honneur de Son Altesse Royale le Prince Nicolas de Roumanie, et en l'honneur des Souverains et Chefs des États représentés au Conseil International.

# Chasses organisées
## en l'honneur des Membres du Conseil

Les manifestations cynégétiques organisées en l'honneur des Membres du Conseil se déroulèrent les 8 et 9 novembre.

Le 8, eut lieu une chasse à courre offerte par Mme la Duchesse d'Uzès en forêt de Rambouillet. Les membres de l'équipage : duc d'Uzès, marquis de Crussol, comtesse du Bourg de Bozas, M. Vernhes, M. et Mme May, M. et Mme Malher, M. Duplan, comte de Vibraye, M. Christian Lazard, Mme Weissweiller, M. et Mlle Bianchini, M. Guerlain, etc., suivirent la chasse à cheval ainsi que les Membres du Conseil suivants : comte Esterhazy, baron Pronay, M. Leschevin, M. de Vind, marquis de Torneros.

La chasse fut suivie en automobiles par S. A. R. le prince Nicolas de Roumanie, LL. AA. le duc et la duchesse de Ratibor, M. Carosi-Martinozzi, M. et Mme de Smet, M. de Amezua y Mayo,, M. Mihura, M. et Mme Maxime Ducrocq, M. le sénateur et Mme Vicini, Prof. Ghigi, M. Muller-Tesch, M. Hentgen, M. Simmer-Dupret, comte Zamoyski, comte Bielski, M. Lilette, S. Exc. M. Mocsonyi, M. Saulescu, comte v. Pfeil, M. Roger Guérin, Dr A. F. Beyro, M. Granger, comte d'Adix.

La Duchesse d'Uzès, bien que souffrante encore d'un accident récent, tint à diriger la chasse elle-même et à la suivre de bout en bout.

Après la messe de Saint-Hubert et ses traditions si pittoresques, la meute fut bénie au chenil au milieu d'une grande affluence de spectateurs que le temps n'avait pas rebutés.

Après le rapport, il fut décidé d'aller sur une brisée au carrefour Peronnelle. L'attaque du cerf se fit aux Rivauds. Débuché plaine des Moutiers, passe à la Claye, traverse les buttes de Rochefort, traverse la ligne du chemin de fer par la ferme de la Cense. Débuché sur les buttes de Crâne, passe à la baraque norvégienne, remonte au carrefour des Quatre-Chemins, descend sur la route d'Angervilliers, la traverse, monte sur Bissy où il se fait battre. Relancé dans les Boulottiers et est porté bas par les chiens. Laisser courre par Lefort, Hubert et Débuché.

Les honneurs du pied ont été faits au marquis de Torneros, maître d'équipage en Espagne.

Les Membres du Conseil suivirent la chasse avec un grand intérêt, car pour beaucoup d'entre eux cette journée fut une initiation à la vénerie, art essentiellement français.

Le 9, eurent lieu trois battues organisées en l'honneur des Membres du Conseil par MM. les sénateurs Gaston Menier, président du groupe de la chasse au Sénat, et Lederlin, et par M. Elby, directeur général des Mines de Bruay, dans les tirés de leurs domaines respectifs.

Au Terrier-Rambouillet, S. A. R. le Prince Nicolas de Roumanie, S. A. le prince Hohenlohe, le comte Clary, S. Exc. M. Caftanzouglou, le comte Zamoyski, le comte Palffy d'Erdoed, le marquis de Villagonzalo, M. de Amezua y Mayo, M. Santiago Pidal, M. Carosi-Martinozzi, le Prof. Ivanauskas, M. Muller-Tesch, M. Kuborn, M. Sinner-Dupret furent reçus par M. le sénateur et Mme Lederlin, entourés de M. Maurice Dumesnil, ministre de la Marine, M. Bouilloux-Lafont, vice-président de la Chambre, M. Colombel, M. Marchal et M. Mignon.

Au tableau : 709 coqs, 102 poules, 13 lapins et 7 divers.

A La Grange-La-Prévosté, M. et Mme Elby, entourés de M. le sénateur Elby et de M. Lefebvre du Prey, ancien ministre, reçurent LL. AA. le duc et la duchesse de Ratibor, le comte Esterhazy, le Comte v. Pfeil, le baron Pronay, M. de Vind, M. Voltos, M. Saulescu, M. de Smet et le comte d'Adix.

Au tableau : 602 faisans, 45 canards, 8 lapins et 2 divers.

A Noisiel, M. le sénateur Menier, entouré de ses fils Georges et Jacques, et des sénateurs Lucien Hubert et Lugol, reçut S. Exc. M. de Chlapowski, le prince Bibesco, S. Exc. M. de Mocsonyi, M. le sénateur Vicini, M. Maxime Ducrocq, M. R. Guérin et M. Lilette.

Au tableau : 447 faisans, 51 lièvres et 53 lapins.

Soit, dans ces trois classes, une moyenne à peu près semblable, dépassant cinquante pièces par fusil.

La Session Constitutive prit fin sur ces manifestations.

La seconde session du Conseil se tiendra à Paris en 1931.

# STATUTS

### Article premier

Le Conseil International de la Chasse est une association internationale qui a pour but de favoriser le progrès de la science cynégétique et de défendre les intérêts généraux de la chasse.

Il se propose d'établir des rapports permanents entre les chasseurs de tous les pays ;

De centraliser tous les documents relatifs à la chasse ;

D'appeler par des vœux l'attention des Gouvernements sur les questions cynégétiques d'intérêt général, en vue notamment d'harmoniser autant que possible les réglementations intéressant plusieurs pays ;

Et de faire des publications internationales destinées à élucider les problèmes de la chasse.

Il a son siège à Paris.

### Article 2

En règle générale, le Conseil International tient sa Session tous les trois ans. A chaque Session, il désigne le lieu et l'époque de la Session suivante.

Dans le cas où l'Assemblée n'aurait pas pris de décision à cet égard, la désignation appartiendrait au Bureau.

### Article 3

Le Conseil International choisit ses membres parmi les personnes de diverses nations qui se sont distinguées dans le domaine de la chasse, tels que : hauts fonctionnaires spécialisés, représentants de grandes associations cynégétiques, propriétaires de grandes chasses, chasseurs et tireurs renommés, auteurs d'ouvrages concernant la chasse, directeurs de revues s'y rapportant, etc... En fait partie de droit, sur sa demande, dans chaque Etat, le fonctionnaire public chef du service de la chasse ou son délégué.

Le nombre des membres ne peut dépasser quinze par Etat ou Confédération d'Etats.

Lorsque les premiers membres du Conseil auront été désignés comme il est prévu aux dispositions transitoires ci-après, toute candidature nouvelle devra être adressée au Bureau trois mois au moins avant la session et présentée par trois membres dont un membre de la nationalité du candidat, s'il en existe déjà dans le Conseil, et un membre du Bureau.

Il ne sera statué sur les candidatures que par le Conseil réuni en session.

### Article 4

Avant chaque session, les personnes ayant une compétence particulière en matière de chasse, dans le cas où elles ne seraient pas membres du Conseil International, pourront être invitées par le Bureau à prendre part à la Session. Elles y auront voix consultative et n'assisteront pas aux réunions ayant pour objet les élections ou les questions d'administration intérieure.

## ARTICLE 5

A la fin de chaque Session ordinaire, il est procédé à l'élection d'un Président, d'un ou de plusieurs Vice-Présidents, choisis parmi les Membres du Conseil, d'un Secrétaire Général et d'un Trésorier, lesquels entrent immédiatement en fonctions et constituent jusqu'à la clôture de la Session suivante le Bureau du Conseil International de la Chasse.

Les fonctions de Secrétaire Général et de Trésorier peuvent être confiées à la même personne.

## ARTICLE 6

Le Bureau se réunit sur la convocation du Président, ou, en cas d'empêchement de celui-ci, du Secrétaire Général.

Il est chargé de l'administration du Conseil International.

Le Président prend, en cas d'urgence, les mesures qu'il juge nécessaires, sauf à communiquer ensuite sa décision aux membres du Bureau.

## ARTICLE 7

Le Secrétaire Général est chargé de la rédaction des procès-verbaux des séances et, de concert avec le Président, de la correspondance, des publications et de l'exécution des décisions du Conseil International, excepté le cas où le Conseil lui-même y aurait pourvu autrement.

Il a la garde des archives.

Le Secrétaire Général peut s'adjoindre un ou plusieurs secrétaires ou employés, chargés de l'aider dans l'exercice de ses fonctions.

## ARTICLE 8

Le Trésorier est chargé de la gestion financière et de la tenue des comptes. Il présente à chaque Session ordinaire un rapport pour les années financières écoulées.

Deux membres sont désignés, à l'ouverture de chaque Session, en qualité de commissaires-vérificateurs, pour examiner le rapport du Trésorier. Ils font eux-mêmes un rapport dans le cours de la Session.

## ARTICLE 9

Le Conseil réuni en Session est présidé par le Président ou, en cas d'empêchement, par un des Vice-Présidents ou par un membre désigné par le Conseil.

Les décisions sont prises à la majorité des membres présents, sous les réserves suivantes :

Tout membre présent pourra demander que le vote ait lieu par mandats, chaque État ou Confédération d'États représenté au Conseil ayant alors droit à un mandat par cinq millions d'habitants ou fraction de ce chiffre, sans pouvoir posséder moins de deux mandats ni plus de huit.

Les mandats attribués à chaque nation seront exercés par un nombre égal de membres appartenant à cette nation, désignés lors de leur élection ou ultérieurement.

Si le nombre des membres d'une nation n'atteint pas celui des mandats, cette nation n'aura droit qu'à un nombre de mandats égal à celui de ses membres.

Au cas où un membre titulaire de mandat viendrait à ne plus faire partie du Conseil, son mandat pourra être attribué, soit à un membre ancien, non encore titulaire de mandat, soit à un nouveau membre, par décision du Conseil.

Chaque membre titulaire d'un mandat en fera usage suivant son opinion, sans être tenu de conformer son vote à ceux de ses compatriotes. Il pourra déléguer par écrit son mandat à un autre membre de sa nationalité.

Le scrutin sera public sauf en matière d'élections.

Les élections auront lieu au scrutin secret et par mandats ; le vote pourra avoir lieu par correspondance.

### ARTICLE 10

Le Conseil International nomme des rapporteurs ou constitue des commissions pour l'étude préparatoire des questions qui doivent être soumises à ses délibérations et pour la composition et la rédaction de publications spéciales dans le domaine de la chasse.

Dans l'intervalle des Sessions, la même prérogative appartient au Bureau ; en cas d'urgence, le Secrétaire Général, d'accord avec le Président, prépare lui-même des rapports ou des conclusions.

Les rapporteurs et les membres des commissions peuvent être choisis parmi des spécialistes n'appartenant pas au Conseil.

### ARTICLE 11

Les ressources financières sont :

Les cotisations des membres, fixées à vingt-cinq francs ou à l'équivalent de cette somme dans la monnaie de chaque pays, d'après le cours des changes au premier janvier de chaque année ; ces cotisations sont dues dès et y compris l'année de l'élection ;

Les produits de la vente des différentes publications aux conditions arrêtées par le Bureau ;

Les subventions.

### ARTICLE 12

Les présents statuts ne pourront être révisés par l'Assemblée Générale que sur la demande écrite de vingt-cinq membres. Cette demande devra être adressée au Président avec motifs à l'appui, trois mois avant l'ouverture de la Session.

---

# Dispositions transitoires

Un Comité d'Organisation, désigné par les fondateurs, groupera les premiers adhérents et les réunira en Assemblée Constitutive lorsque dix pays, au moins, se trouveront représentés.

Cette Assemblée statuera d'abord à la majorité ordinaire sur l'admission définitive de chacun des adhérents. Puis elle se constituera en première Session du Conseil, votera le texte des statuts et élira le premier Bureau.

Le vote aura lieu à la majorité des membres présents, au scrutin public, et ne pourra être émis par correspondance.

Dans la seconde Session que tiendra le Conseil, le délai pour la présentation des candidats sera réduit à un mois.

---

# BUREAU DU CONSEIL POUR 1930-1931 (*)

*Président :*

*M. Maxime DUCROCQ (France).

*Vice-Présidents :*

*S. A. le duc DE RATIBOR (Allemagne).
Comte COLLOREDO-MANSFELD (Autriche).
Vicomte TERLINDEN (Belgique).
S. Exc. marquis DE VILLAVICIOSA DE ASTURIAS (Espagne).
*S. Exc. comte ESTERHAZY (Hongrie).
*M. le sénateur VICINI (Italie).
*Comte BIELSKI (Pologne).
M. Georges PLAGINO (Roumanie).

*Secrétaire Général :*

*Comte D'ADIX.

*Trésorier :*

*M. BROCHART, Inspecteur principal des Eaux et Forêts.

---

# Membres du Conseil (*)

## ALLEMAGNE

S. A. Adolph-Friedrich duc DE MECKLENBURG.
*Comte PFEIL.
*S. A. le duc DE RATIBOR, *Vice-Président du Conseil.*

## ETATS-UNIS D'AMERIQUE

M. H. T. COOLIDGE Jr., Conservateur du Musée de zoologie comparée
de Cambridge (Mass.).
M. K. ROOSEVELT, Secrétaire du Boon Crockett Club.
Colonel H. P. SHELDON, Chef du Service biologique fédéral au Ministère
de l'Agriculture.

## REPUBLIQUE ARGENTINE

M. M. J. DE ANCHORENA, Premier Secrétaire d'Ambassade.
S. Exc. M. Luis E. BEMBERG, Chargé d'affaires de la République Argen-
tine.
*Dr. A. FERNANDEZ BEYRO, Sous-Directeur au Ministère de l'Agriculture.
Attaché commercial à l'Ambassade de Londres.
*M. A. MIHURA.

## AUTRICHE

Comte ABENSPERG-TRAUN, Vice-Président de la Fédération des chasseurs
du nord de l'Autriche et de Vienne.
Comte COLLOREDO-MANSFELD, *Vice-Président du Conseil,* Président de la
Fédération des chasseurs du nord de l'Autriche et de Vienne.
Dr. DOSTAL, Directeur des archives de la Chambre Fédérale des Députés
de l'Autriche.
Dr. VON DRASENOVITCH-POSERTVE, Membre du Bureau de la Société pour
la protection de la chasse en Styrie.

---

(1) Les noms des Membres ayant assisté à la Session de Paris 1930
sont précédés d'un astérisque (*).

*S. Exc. M. GRUENBERGER, Envoyé extraordinaire et Ministre plénipoten-
    tiaire.
Comte HARTIG.
Comte DE MERAN.
Prof. Dr. SCHLESINGER, Conseiller d'Etat, Directeur du Musée national du
    nord de l'Autriche, Directeur de l'Institut pour la protection de
    la nature en Autriche.
Dr. TRATZ, Directeur du Musée des sciences naturelles à Salzbourg.
Prof. WITZELHUEBER, Président de l'Alliance cynégétique de l'Autriche.

### BELGIQUE

*Prof. Dr. DERSCHEID, Professeur à l'Université Coloniale, Administra-
    teur-Délégué du Parc National Albert (Congo), Secrétaire général
    du Comité belge pour la protection internationale de la nature,
    Secrétaire général de l'Office international de documentation et
    de corrélation pour la protection de la nature.
*S. Exc. M. le baron DE GAIFFIER D'HESTROY, Ambassadeur extraordinaire
    et plénipotentiaire.
Chevalier VAN HAVRE, Président du Saint-Hubert Club de Belgique,
    Membre du Conseil supérieur de la chasse.
*M. LESCHEVIN, Conseiller juridique au Ministère des Chemins de Fer,
    Secrétaire du Conseil supérieur de la chasse.
M. PÉRAU, Inspecteur principal des Forêts au Ministère de l'Agriculture.
M. DE SMET, Membre du Conseil d'administration du Saint-Hubert Club
    de Belgique et du Conseil d'administration de la Fédération des
    chasses au gros gibier.
Vicomte TERLINDEN, *Vice-Président du Conseil*, procureur général à la
    Cour de cassation, président du Conseil supérieur de la chasse.

### DANEMARK

*M. DE VIND, Grand Veneur de S. M. le Roi de Danemark, Président de
    la Société cynégétique danoise.

### ESPAGNE

*M. DE AMEZUA Y MAYO, Membre du Conseil supérieur de la chasse et
    de la pêche.
*S. Exc. M. Carlos DE LA HUERTA Y AVIAL, Ministre plénipotentiaire.
M. J. LOSA PEREZ, Directeur des Forêts, chasses et pêches au Ministère
    de l'Agriculture.
*M. SANTIAGO PIDAL.
S. Exc. M. J. M. QUINONES DE LEON, Ambassadeur extraordinaire et plé-
    nipotentiaire.
*Marquis DE TORNEROS, Maître d'équipage de la Société de la chasse à
    courre de Madrid.
Marquis DE VILLABRAGIMA FIGUEROA Y ALONZO MARTINEZ.
*Comte DE VILLAGONZALO, marquis de la SCALA, Membre du Conseil supé-
    rieur de la chasse et de la pêche.
S. Exc. marquis DE VILLAVICIOSA DE ASTURIAS, *Vice-Président du Conseil*.

### FINLANDE.

M. le sénateur CASTRÉN, Président de l'Union générale des chasseurs de
    Finlande.
Baron CRONSTEDT.
M. FAZER, Conseiller du Commerce, Membre du Conseil d'administra-
    tion de l'Union générale des chasseurs de Finlande.

M. Hackmann, Conseiller des Mines.
S. Exc. M. le général Mannerheim, ancien Régent de Finlande, Président d'honneur de l'Union générale des chasseurs de Finlande.
M. Paloheimo, Conseiller des Mines.
Dr Rosenlew.

### FRANCE

Comte Henri d'Andigné, Président de la Société de Vénerie.
*M. Carrier, Conseiller d'État, Directeur général des Eaux et Forêts.
*Comte Clary, Président du Saint-Hubert Club de France, Président de l'Académie des Sports, Président de la Fédération internationale de tir aux armes de chasse.
*M. Maxime Ducrocq, *Président du Conseil*, Vice-Président du Saint-Hubert Club de France, Président du Comité des chasses à l'étranger, Membre de la Commission de la chasse au Ministère de l'Agriculture.
*M. d'Eichthal, Président de la Société centrale des chasseurs.
*M. Elby, Directeur général des Mines de Bruay.
*M. Granger, Conservateur des Eaux et Forêts.
*M. Guérin, Président du Comité national de la chasse, Président de l'Association des Lieutenants de Louveterie.
*M. le sénateur Lederlin.
*M. Lilette, Conservateur des Eaux et Forêts, Directeur du Service de la Chasse au Ministère de l'Agriculture.
*M. le sénateur Gaston Menier, Président de la Commission de la chasse au Sénat.
*Mme la Duchesse d'Uzès douairière.

### GRANDE-BRETAGNE

*Sir A. P. Gordon-Cumming, Bart.
The Lord Lovat.
M. J. J. O'Leary.

### GRÈCE

*S. Exc. M. Caftanzoglou, Ministre Plénipotentiaire, Vice-Président de l'Association cynégétique d'Athènes, Membre du Club de la chasse de Volo et de l'Association cynégétique de Salonique.
M. Fr. Mavromatis, Président de l'Association cynégétique d'Athènes.
M. le sénateur Protopapas, Président d'honneur du Groupement des chasseurs du Pirée.
M. Savidès, Président de l'Union des chasseurs et tireurs hellènes.
M. Vianelli, Président du Club de la chasse de Volo.
*M. C. Voltos, Membre de l'Association cynégétique d'Athènes.
M. Zalocostas, Conseiller de l'Union des chasseurs et tireurs hellènes.
M. Zervas, Inspecteur des Forêts et Directeur du Bureau de la chasse au Ministère de l'Agriculture.

### HONGRIE

*S. Exc. Comte Ladislas Esterhazy, *Vice-Président du Conseil*, membre de la Chambre des Magnats.
S. Exc. M. Kiss de Nemesker, Grand Veneur du Royaume de Hongrie.
Dr. Lumniczer.
Dr. Nadler, Directeur du Jardin zoologique de Budapest.
*Baron Gabriel Pronay.
S. Exc. comte Raday, ancien Ministre de l'Intérieur, Président de la Société Nationale hongroise de chasse.

## ITALIE

*M. le consul général AGOSTINI, Commandant de la Milice nationale des forêts, membre de la Commission centrale de la chasse.

*M. CAROSI-MARTINOZZI, Vice-Président de la Fédération nationale des chasseurs italiens, membre de la Commission centrale de la chasse.

*M. le commandeur CORTIS, Directeur des Services zootechniques au Ministère de l'Agriculture.

*Prof. GHIGI, Vice-Président de la Commission centrale de la chasse, directeur de l'Institut zoologique de l'Université de Bologne.

*M. le consul HOFFMANN, Directeur des Forêts de l'Etat au Ministère de l'Agriculure.

M. le conseiller URBANI, Directeur de la Section de la Chasse au Ministère de l'Agriculture.

*M. le sénateur VICINI, *Vice-Président du Conseil*, Membre de la Commission centrale de la chasse.

## LITHUANIE

*Prof. IVANAUSKAS, Président du Bureau Central de l'Association lithuanienne de la chasse et de la pêche régulières, directeur de la revue *Le Chasseur*.

M. le colonel URBONAS.

M. le commandant ZELNYS.

## LUXEMBOURG

M. AUGUSTIN, Directeur de l'Administration des Eaux et Forêts.

*M. HENTGEN, Secrétaire de la Commission juridique du S. H. C. L.

*M. KUBORN, Président du Comité de direction du S. H. C. L.

*M. MULLER-TESCH, Président du Saint-Hubert Club du Luxembourg.

*M. SINNER-DUPRET, Vice-Président du S. H. C. L.

## MEXIQUE

*M. IGNACIO DE LA TORRE, Premier Secrétaire de Légation, représentant du Gouvernement du Mexique.

## PRINCIPAUTÉ DE MONACO

S. A. S. le Prince Louis DE MONACO.

## NORVÈGE

M. ANKER, Président de l'Association norvégienne pour la chasse et la pêche.

Prof. Dr. DAHL, Professeur à l'Université d'Oslo, Vice-Président de la même Association.

M. FEARNLEY, Directeur au Ministère de l'Agriculture.

M. HUUS, Secrétaire du Musée de Bergen.

Dr. OLA OLSTAD, Attaché au Musée zoologique d'Oslo.

M. SORRHUUS, Directeur des Forêts au Ministère de l'Agriculture.

## PAYS-BAS

M. KAKEBEEKE, Inspecteur d'Agriculture, Chef du Service de la chasse au Ministère de l'Agriculture.

*Baron VAN TUYLL VAN SEROOSKERKEN, Secrétaire de la Société royale néerlandaise de la chasse.

*M. VAN DER VLIET, Président de la Société royale néerlandaise de la chasse.

## POLOGNE

*Comte BIELSKI, *Vice-Président du Conseil*, Président de l'Union centrale des associations cynégétiques de Pologne.

*S. Exc. M. DE CHLAPOWSKI, Ambassadeur extraordinaire et plénipotentiaire.

M. le lieutenant-colonel DE CHLAPOWSKI, Vice-Président de l'Union centrale des associations cynégétiques de Pologne.

M. le général FABRYCY, Vice-Ministre de la Guerre, Vice-Président de l'Union centrale des associations cynégétiques de Pologne.

Prof. GIEYZTOR, Professeur à l'Institut polytechnique de Varsovie, Président de la Société de chasse de Volhynie.

M. LILPOP, Vice-Président de l'Union centrale des associations cynégétiques de Pologne, Président de la Société polonaise de chasse de Mysl.

Comte POTOCKI (Georges).

Comte POTOCKI (Maurice).

Dr. ZABOROWSKI.

*Comte ZAMOYSKI.

## PORTUGAL

*M. José ARANTES DE FREITAS CRUZ, Président de la Commission régionale de la chasse pour le Sud du Portugal, Membre du Club des chasseurs portugais, directeur du journal *Le Chasseur*.

## ROUMANIE

*S. A. R. le Prince NICOLAS de Roumanie.

*Prince Georges BIBESCO.

S. Exc. M. DE MOCSONYI, Grand Veneur de S. M. le Roi de Roumanie, ancien Ministre d'Etat, Président de l'Union générale des chasseurs de Roumanie, Membre du Conseil permanent de la Chasse.

M. NEDICI, Inspecteur général de la chasse, Membre du Conseil permanent de la chasse.

M. PHILIPOWICZ, Inspecteur régional de la chasse en Bucovine.

M. Georges PLAGINO, *Vice-Président du Conseil*, Président de la Société nationale de tir, Membre du Conseil permanent de la chasse

M. POP, Député à la Chambre de Roumanie.

*M. SAULESCU, Directeur général du Service de la chasse au Ministère de l'Agriculture, membre du Conseil permanent de la chasse.

## RÉPUBLIQUE TCHÉCO-SLOVAQUE

*Comte PALFY D'ERDOED, Membre du Conseil de direction de l'Association pour la conservation du gibier en Tchéco-Slovaquie, Président du Cercle du tir aux pigeons.

M. SCHMIDT, Conseiller ministériel, Directeur du Département de la chasse au Ministère de l'Agriculture.

M. SIMAN, Directeur général des Forêts et des Domaines de l'Etat.

## INVITES

Ont pris part comme invités à la Session de Paris 1930 :

M. ANTONI, Directeur général du Saint-Hubert Club de France.

M. DESNUES, Vice-Président du S. H. C. F.

M. POTWOROWSKI, Premier Secrétaire de l'Ambassade de Pologne, représentant le Ministère de l'Agriculture de la République de Pologne.

# TABLE DES MATIÈRES




Paris. — Imp. R. TANCRÈDE, 15, rue de Verneuil. — 2645-12-1930

www.ingramcontent.com/pod-product-compliance
Lightning Source LLC
LaVergne TN
LVHW022327170726
843503LV00006B/2749